公司控制权设计

朱权鑫◎著

中国商业出版社

图书在版编目（CIP）数据

公司控制权设计 / 朱权鑫著. -- 北京 : 中国商业出版社, 2023.10
ISBN 978-7-5208-2667-9

Ⅰ. ①公… Ⅱ. ①朱… Ⅲ. ①公司－控制权－研究 Ⅳ. ①F276.6

中国国家版本馆 CIP 数据核字 (2023) 第 201743 号

责任编辑：滕　耘

中国商业出版社出版发行
（www.zgsycb.com 100053 北京广安门内报国寺1号）
总编室：010-63180647　编辑室：010-83118925
发行部：010-83120835/8286
新华书店经销
三河市京兰印务有限公司印刷
*
710 毫米 ×1000 毫米　16 开　13 印张　200 千字
2023 年 10 月第 1 版　2023 年 10 月第 1 次印刷
定价：68.00 元
* * * *
（如有印装质量问题可更换）

前言

随着经济的快速发展，公司的组织和管理模式也在逐步迭代。其中，合伙人模式作为一种独特的组织和激励机制，逐渐受到了各界的广泛关注和认可。作为长期深耕企业管理、股权设计与激励策略的实践者，我深知这不仅仅是一种组织形态的转变，更是对于公司的文化、价值观和长远发展的新思考。

《公司控制权设计》正是诞生于这样的背景之中。首先，第一章简述了合伙人模式时代的到来，深入挖掘了合伙人模式的前世今生，并对易混淆的顶层设计和股权激励等概念进行了清晰的剖析。接下来，第二章转向如何设计合伙模式，探讨了与各种资源方的合作策略。到了第三章，焦点则是围绕公司的控制权，深入阐述并对比了各种主体和公司架构方式。第四章详尽探讨了如何根据具体主体进行合伙人模式设计和股权分割。第五章则为读者揭示了合伙人模式中的风险与合规化，以及应如何规避各种常见的误区和风险。

然而，这本书的真正价值，还在于后续章节所包含的一系列有代表性的公司控制权设计案例。这些真实、深入的案例分析不仅仅是对成功经验的再现，更是一次深刻的反思，旨在为管理者提供切实可行的解决方案和建议。

最后，对支持我完成这本书的所有人表示衷心的感谢，是他们的专业和细致让这本书得以呈现。感谢家人，他们的支持和鼓励是我前进的动力。

朱权鑫

2023年6月

目 录
Contents

第四章 合伙人股权设计

第五章 合伙人风险与合规化

第六章　百果园：门店合伙人模式下的水果连锁行业创新与成功之路

第七章　华莱士成功密码：揭秘合伙人模式与股权顶层设计的魅力

第八章　美道家之道：借力外部合伙人股权策略实现快速扩张

第一章　合伙人模式时代的到来

一、合伙人模式的定义

随着社会的发展和时代的进步，商业模式在不断地发生着改变，公司的经营模式也随之发生了很大的变化。传统的雇佣制度曾经是公司发展的重要途径，但是在现代商业中，它却面临着许多问题和困境。这些问题和困境可能会限制公司的灵活性和自由度。

其一，招聘和保留人才的成本过高。传统的雇佣制度需要公司投入大量的时间和资金去招聘、培训和保留员工。这会导致人力成本的大量增加。

其二，高额的福利成本。传统的雇佣制度需要公司为员工提供各种福利待遇，如医疗保险、养老金、带薪休假等。这些福利成本往往相当昂贵。

其三，缺乏灵活性和自由度。传统的雇佣制度通常采用全职或长期雇佣形式，即要建立长期的雇佣关系。这意味着无论公司的经营状况如何，都需要承担员工的固定薪酬和福利待遇，即公司在雇用员工时需要承担一定的风险和责任，这就限制了公司的灵活性和自由度。

其四，管理和监督的难度。传统的雇佣制度需要公司花费大量的时间和资源来管理与监督员工。这不仅会增加公司的管理成本和劳动力成本，也可能导致员工和管理层之间的紧张关系，因而不仅增大了管理和监督的难度，也降低了员工的满意度。

总的来说，传统的雇佣制度难以适应现代商业中公司和员工不断变化的需求。为解决这些挑战，公司和员工正探索新型劳动关系模式。

（一）劳资关系的发展历程

劳资关系是指雇主和员工之间的关系，是劳动力市场的核心问题。从世界范围来看，劳资关系的发展大致经历了三个时代，即工业革命时代的劳资关系、福利国家时代的劳资关系和现代化时代的劳资关系。

1.工业革命时代的劳资关系（18世纪末至19世纪末）

在这个时代，工人通常是手工艺人。他们可以自己制造产品并卖给顾客。然而，随着机器和工厂的发展，越来越多的工人成了雇员，开始在工厂里工作。劳资关系逐渐从个体之间的互动转变为工人和工厂主之间的关系，工人不再掌握生产工具，而是变成了工厂主的雇员。工人没有劳动保护，工作时间长、待遇低，常常受到工厂主的剥削。因此，工人经常组织起来进行罢工和抗议，要求更好的待遇和劳动保护。

2.福利国家时代的劳资关系（20世纪）

在这个时代，西方国家逐渐建立了福利国家，政府开始出台劳动法规来保护工人的权益。工人们获得了更多的保障和福利。例如，社会保险、最低工资、工作时间的限制和假期等。此外，工人的组织力量也得到了增强，工会开始在劳资关系中发挥重要作用，帮助工人争取更好的待遇和权益。在这个时代，劳资关系逐渐成了政府、工会和公司之间的三方关系，三者之间相互影响、相互制约。

3.现代化时代的劳资关系（20世纪末至今）

在这个时代，劳资关系进一步复杂化和多元化，公司变得更加国际化和灵活化，新型劳动关系不断涌现。例如，雇佣合同的类型变得更加多样化，包括短期雇佣、临时雇佣和合同外工作等。此外，自由职业者和平台工作者等新型劳动力也在不断增加。在这个时代，劳资关系需要更多的灵活性和创新性，以适应快速变化的经济和社会环境。

（二）职业经理人制度

职业经理人制度诞生于第三个劳资关系时代，即现代劳资关系时代。

职业经理人制度是指公司聘用专业经理人来管理公司，而不是由公司所有者或创始人来管理公司的制度。这个制度的诞生背景和起源可以追溯到20世纪初期。当时一些公司开始面临管理方面的问题，因为公司的创始人和所有者并不是都有专业的管理知识和技能，所以他们开始寻找专业的经理人来管理公司，从而形成了职业经理人制度。

在20世纪初期，美国的一些大型公司开始聘请专业的经理人来管理公司。这些经理人通常具有商业、财务、营销和管理方面的专业知识与技能。他们的聘用使得公司管理更加专业化，能够更好地应对市场变化和竞争。此后，职业经理人制度逐渐在各个国家推广和发展。

在职业经理人制度的发展过程中，最重要的里程碑之一是哈佛大学商学院教授道格拉斯·麦格雷戈在20世纪60年代提出的"X理论—Y理论"。这一理论认为，员工对于工作的动机可以分为两种：外部动机和内部动机。外部动机是指工资、奖金和晋升等外在因素，而内部动机是指员工对于工作本身的热情和兴趣。职业经理人制度的核心就是要通过提供具有吸引力的外在激励和内在激励来吸引并留住优秀的经理人。

随着时间的推移，职业经理人制度逐渐成为现代公司管理的重要组成部分。在这个制度下，公司的职业经理人通常被视为公司的代表，而不是公司所有者或创始人的代表。他们的职责是确保公司的长期发展和盈利能力，同时维护公司的声誉和形象。他们必须具有广泛的商业知识和技能，能够应对市场的变化和挑战，并管理好公司的人力、财务和资源等方面的事务。

总的来说，职业经理人制度的诞生和发展，是公司逐渐从家族式管理向现代化管理的转型过程中的关键部分。这个制度的出现，使得公司的管理更加专业化和高效化，从而为公司的长期发展奠定了坚实的基础。

在世界上有很多让我们耳熟能详的优秀职业经理人。

蒂姆·库克（Tim Cook）：苹果公司的首席执行官，于2011年接替史蒂夫·乔布斯成为苹果公司的领导人。在他的领导下，苹果公司推出了一系列成功的产品。他注重细节和高效率，努力推动苹果公司实现更高的利润和股东回报。他还致力于将苹果公司打造成一家更加可持续和社会责任感强的公司。此外，蒂姆·库克还努力推动苹果公司在研究和开发方面取得更多的成果，并致力于保持苹果公司在科技创新方面的领先地位。他的领导风格强调协作、包容和多元化，赢得了员工和股东的信任与尊重。

比尔·盖茨（Bill Gates）：微软公司创始人之一。他在微软的发展历程中扮演了至关重要的角色，并在全球科技领域发挥了巨大的影响力。

杰夫·贝索斯（Jeff Bezos）：亚马逊公司的创始人之一。他在互联网零售业的发展过程中扮演了关键的角色，被誉为世界上最具创新力的公司家之一。

沃伦·巴菲特（Warren E. Buffett）：伯克希尔·哈撒韦公司的主席和首席执行官。他以他的投资智慧和领导能力闻名于世。

马化腾（Pony Ma）：腾讯公司创始人之一。他的技术才华和商业洞察力帮助腾讯在全球范围内取得了巨大的成功。

以上这些职业经理人都以其独特的方式领导公司，并在各自的行业中发挥了巨大的影响力。他们的成功证明了良好的领导力、创新思维和战略眼光的重要性。

职业经理人制度的优点可以总结为以下三点。

第一，专业化管理。职业经理人具有专业的经营管理知识和技能，可以更加科学地管理公司，提高公司的竞争力和效率。

第二，分工协作。职业经理人制度可以实现分工协作，让公司的所有者或股东把更多的精力投入到资本的积累和市场拓展上，而由职业经理人负责公司的日常经营和管理。

第三，增加灵活性。职业经理人制度可以让公司更加灵活地应对市场变化和经营环境的变化，可以更加及时地作出决策和调整经营策略。

任何事务都有它的两面性，职业经理人制度也是如此。随着社会的发展、科技的进步，职业经理人制度逐渐显露出它的缺点，主要体现在以下三个方面。

第一，利益分配不公。职业经理人通常通过获得高额的薪酬来获取报酬，而公司的所有者或股东可能会对此感到不满。

第二，短期利益导向。职业经理人通常会考虑短期利益，而不是长期的利益，这可能会导致公司的长期发展受到影响。

第三，控制问题。职业经理人可能会对公司产生控制问题。他们有可能会利用公司的资源和权力来牟取私利。

为了克服职业经理人制度的缺点，适应社会发展的要求，合伙人制度应运而生。

（三）合伙人制度

合伙人制度是一种商业组织形式。它将两个或更多的人组合到一起，组建一个实体，共同运营业务。在这种组织形式下，合伙人共享收益和负担风险，他们共同承担责任并分享成功和失败的果实。与公司不同，合伙人制度不是一种独立的法律实体，而是一种由合伙人共同拥有的企业的组织形式和制度。

合伙人就是合伙创业，成为地位平等且共担共享的伙伴。在公司的具体表现就是获得股份或分红权，成为股东，成为自己公司的主人。合伙人公司是指由两个或两个以上合伙人拥有公司并分享公司利润的公司。可以由所有合伙人共同参与经营，也可以由部分合伙人经营，其他合伙人仅出资并自负盈亏。合伙人的组成规模可大可小。

如图1-1所示，在员工持股形式上，根据长期利益捆绑和短期股权激励的不同目的，可分为持有公司股份和持有项目股份两个方面，即持股计划和项目跟投。

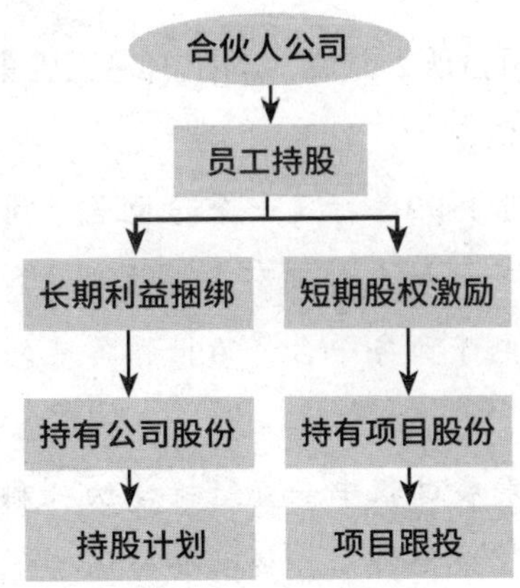

图1-1　合伙人公司员工持股形式

合伙人制度的起源可以追溯到中世纪的欧洲。当时一些商人共同出资，合伙经营商业活动。这种形式逐渐发展成了现代的合伙人制度。在19世纪和20世纪初期，合伙人制度在美国和欧洲的经济体系中得到了广泛应用，并成为许多公司的组织形式。

合伙人制度可分为有限合伙人制度和普通合伙人制度。在有限合伙人制度中，至少有一个合伙人是有限合伙人，他们只承担有限责任，不能参与管理公司。其他合伙人则是普通合伙人，他们有更多的管理和经营权利与义务。普通合伙人制度则要求所有合伙人都承担无限责任，并且共同承担所有业务的风险和回报。具体参见表1－1。

表1－1　两种合伙人制度的比较

合伙人角色	承担责任	特点
有限合伙人	有限责任	风险较低，专注于资金投入
普通合伙人	无限责任	更多的管理和经营权利与义务，共同承担风险和回报

典型的合伙人公司包括投资公司、律师事务所、会计师事务所、医疗机构等。这些公司通常由一些专业人士组成。他们可以为公司带来各自的专业技能和经验，共同承担公司的经营风险和回报。此外，许多小型公司也选择采用合伙人制度，以便能够更有效地共同管理公司，实现经济效益和规模效应。

很多成功的公司采用合伙人制度，例如阿里巴巴集团。

阿里巴巴集团成立于1999年，是一个跨境电子商务和技术创新公司。它由18位创始人组成，这些创始人都拥有丰富的商业和技术背景。他们一起致力于打造一个全球化的电子商务平台，为世界各地的消费者和公司提供各种服务和产品。

阿里巴巴集团在其发展过程中一直坚持合伙人制度。合伙人制度在阿里巴巴的治理结构中发挥了重要作用，帮助公司保持了稳定性和连续性，同时也促进了公司在业务拓展、管理层次和组织文化等方面的创新。

合伙人制度的核心是“一人一票”，每个合伙人都有平等的发言权和投票权。这意味着所有合伙人都能够参与公司的重大决策，并对公司的发展发表自己的看法和建议。此外，阿里巴巴的合伙人制度还规定了合伙人必须为公司的长远发展贡献资源和精力，以确保公司的长期稳定和发展。

通过合伙人制度，阿里巴巴集团实现了公司的快速发展和持续成功。今天，阿里巴巴已经成为全球最大的电子商务平台之一，拥有多个业务板块，包括淘宝、天猫、阿里云等。同时，阿里巴巴还积极扶持和培养新兴公司与创业者，为中国和全球的创新创业作出了积极的贡献。

总之，合伙人制度是一种商业组织形式。它由两个或更多的人共同经营公司，共享收益和风险。这种制度在现代商业中得到了广泛应用，成为许多公司的首选组织形式之一。

二、合伙人制度的优缺点

（一）合伙人制度的优点

1.共担风险和责任

在合伙人制度下，合伙人共同承担公司的风险和责任，这有助于降低个人的风险和责任。如果公司遇到困难或亏损，合伙人可以共同承担责任，从而减少风险。

2.共同投资和共享资源

合伙人制度还可以共同投资和共享资源，这使公司可以更容易地获得资金和资源，以便开展业务。合伙人可以共同出资购买设备和材料，或者共同寻找客户和销售机会。

3.共享利润和共同决策

在合伙人制度下，合伙人共同分享公司的利润，共同决策公司的事务。

这有助于促进合伙人之间的合作和信任，从而使公司更加稳定和可靠。

4.灵活性

合伙人制度还具有灵活性，可以根据公司的需要进行调整和更改。合伙人可以根据公司的情况调整投资和利润分配方式，或者调整公司的经营战略和目标。

（二）合伙人制度的缺点

1.管理和决策问题

在合伙人制度下，每个合伙人都有权决策公司的事务，这可能导致决策方面的困难和不一致。如果合伙人之间存在分歧或者利益冲突，公司的经营可能会受到影响。

2.分配利润的问题

在合伙人制度下，分配利润可能会成为合伙人之间的争议点。合伙人可能会对利润分配方式产生分歧，这可能导致公司的稳定性和可靠性受到影响。

3.个人信用和责任

在合伙人制度下，合伙人共同承担公司的债务和责任。如果其中一个合伙人犯了错误或无法履行承诺，其他合伙人就可能需要为此承担责任。

4.合作关系问题

在合伙人制度下，合作关系可能会受到影响。如果合伙人之间存在信任问题或利益冲突，可能会导致合作关系的破裂，也可能会对公司的经营产生负面影响，并且可能会导致公司的解散或被迫进行重新组建。

5.决策权问题

在合伙人制度下，每个合伙人都拥有平等的决策权。这可能会导致某些合伙人的失望或者不满，尤其是当其他合伙人的决策不符合他们的期望或者利益时。

6.税务问题

合伙人制度下的公司通常是一个纳税实体，但合伙人个人仍需要向税务部门申报个人所得税。这可能会增加合伙人的税务负担，并导致一些税务问题。

总的来说，合伙人制度既有优点又有缺点。因此，在选择合伙人制度之前，应该认真考虑其优缺点，以便作出明智的决策。

三、合伙人模式的适用场景与在我国的发展

（一）合伙人模式的适用场景

合伙人模式是一种有效的商业组织形式。它可以帮助公司减少创业风险，分担开销，增加资金和资源，以及有效管理公司的决策和激励机制。因此，合伙人模式的适用场景很广，可以满足不同类型公司的需求。

1.创新型企业

创新型企业通常需要投入大量资金和资源才能进行研发和创新。合伙人模式可以为这些企业提供额外的资金和资源，从而帮助它们快速扩展并开发出新产品或服务。例如，谷歌当初就是一个以合伙人模式为基础的初创企业。谷歌的联合创始人拉里·佩奇和谢尔盖·布林于1998年创立了该公司，并在短时间内吸引了其他投资者的资金支持，从而发展成为全球最大的互联网搜索引擎之一。

2.小型企业

小型企业通常需要减少创业风险和分担开销。合伙人模式可以提供共同的资源和资金支持，以便企业能够更好地发展和扩展。例如，许多小型餐厅和咖啡馆采用合伙人模式，以便分摊经营成本和风险。

3.艺术和创意领域

在艺术和创意领域，艺术家和创意人才通常需要资金与资源才能开展他们的工作。合伙人模式可以为这些人提供资金与资源支持，帮助他们创作和推广作品。

4.初创企业

初创企业通常需要投入大量资金和资源才能开展业务。合伙人模式可以为这些企业提供资金和资源支持，帮助它们快速扩展和发展。

另外，法律事务所、会计师事务所、投资公司等也普遍适用合伙人模式。

（二）合伙人模式在我国的发展

合伙人模式在我国的发展经历了以下四个阶段。

1.早期阶段

合伙人模式在我国最早出现于20世纪90年代末。当时主要应用于房地产、投资和创业等领域。这个阶段的合伙人模式主要是通过传统的合伙人协议建立合伙关系，合伙人之间风险和收益的分配比较简单，合伙人之间的关系也比较稳定。

2.创业潮阶段

在2000年左右的互联网创业潮期间，合伙人模式在我国也得到了广泛的应用。创业者常常与投资人或其他创业者组成合伙人关系，共同创业、共同承担风险和分配收益。这个阶段的合伙人模式相对于早期阶段更加灵活，一些新的模式，例如VC（Venture Capital，风险投资）模式、加速器模式也开始出现。

3.法律规范阶段

随着我国经济的快速发展和政府的鼓励，合伙人模式在各行各业得到了广泛应用，但同时也出现了一些风险和纠纷。为了规范合伙人关系，我国政府开始加强对相关法律的制定和实施。1997年颁布的《中华人民共和国合伙企业法》（已于2006年修订）对合伙人模式进行了法律规范，并为合伙人关系提供了更加完备的法律保障。

4.现代化阶段

随着我国经济的现代化进程，合伙人模式在各个领域的应用越来越广泛。在这个阶段，合伙人模式已经不仅是传统的股权分配和风险共担，还涉及一系列新的领域，如资本运作、品牌授权、知识产权保护等。

另外，互联网的发展和传播效应，让合伙人制迅速普及并耳熟能详，为合伙人制度带来了许多机遇和挑战。

一方面，互联网的快速发展为合伙人制度提供了更多的机遇。在互联网时代，信息的传播和获取变得更加便捷，合伙人之间的协作和沟通也变得更加高效。此外，互联网为合伙人制度带来了更多的商业模式和创新思路，例如共享经济、在线营销等。这些新的商业模式和思路为合伙人制度提供了更多的可能性与发展空间。

另一方面，互联网时代也给合伙人制度带来了一些挑战。在互联网时代，竞争更加激烈，市场变化更加快速和复杂，合伙人需要不断地调整自己的策略和思路，才能够在激烈的竞争中保持竞争力。此外，互联网时代还要求合伙人具备更多的专业化技术和数字化能力，以应对日益复杂的市场需求。

比如，共享单车行业的发展。共享单车是一种新兴的商业模式，通过利用互联网和移动支付等技术手段，让用户通过手机应用程序租借自行车，从而实现城市短途出行。这种商业模式在我国得到了快速发展，多家共享单车公司成为行业巨头。

共享单车行业的发展背后离不开合伙人制度的支持。共享单车公司通常依托于合作伙伴，通过与城市政府、地铁、商场、酒店等机构合作，实现自行车的停放、维护和服务等。通过与合作伙伴的协作，共享单车公司能够实现资源的共享和优化，提高了自身的竞争力。

此外，共享单车公司也利用互联网技术和大数据分析等手段，对用户的行为和需求进行深入分析和挖掘，从而提供更好的服务和产品，满足用户的需求，进一步扩大了市场。

总而言之，在实施合伙人模式时，公司不仅需要考虑合伙人之间的权益关系、风险共担、利益分配等方面的问题，以及与此相应的管理机制、沟通渠道、决策流程等方面的设计，还需要考虑监管、技术、市场等方面的挑战，以制定相应的应对策略，确保合伙人模式的有效实施。只有在有效地应对挑战和风险的前提下，才能实现公司的长期发展和成功。

四、合伙人模式与顶层设计和股权激励的关系

（一）合伙人模式与顶层设计

很多时候公司管理者往往混淆了合伙人模式和企业顶层设计。我们会遇到各种名词，例如股东、管理层、董事会、高管团队、组织架构、治理结构、战略规划、目标设定、绩效考核、人力资源管理、财务管理等，如果未加区分，很容易让人一头雾水。

接下来我们就说一下合伙人模式与顶层设计的关系。

合伙人模式是一种企业组织结构。其基本特点是由多名合伙人共同出资、共同经营、共同分担利益和风险。而企业顶层设计则是指公司的战略规划、组织结构、管理模式等方面的总体设计。

合伙人模式与企业顶层设计的关系在于，合伙人模式需要在企业顶层设计的基础上实施。具体来说，企业顶层设计需要考虑到合伙人模式所需的各种资源、管理机制、利益分配方式等因素，并据此对企业的组织结构、治理模式、人力资源管理等方面进行相应的规划和设计。

同时，合伙人模式也会对企业顶层设计产生一定的影响。例如，在合伙人模式下，企业的所有合伙人都有权力参与企业的决策和管理。这就需要企业顶层设计考虑如何有效地协调合伙人之间的利益关系，保障企业的长期发展。此外，合伙人模式还会影响到企业的财务管理、税务筹划等方面。这也需要企业顶层设计考虑如何合理规划企业的财务策略和税务筹划方案。

因此，企业顶层设计与合伙人模式密切相关，需要在顶层设计阶段充分考虑到合伙人模式的各种因素，以确保公司的长期发展和合伙人的权益得到充分保障。企业顶层设计需要考虑以下四个方面。

第一，合伙人权益保障。在企业顶层设计中需要考虑如何制定合理的合伙人协议，明确合伙人的权利和义务，确保各合伙人的利益得到充分保障。

第二，利益分配机制。在企业顶层设计中需要考虑如何制定合理的利益分配机制，确保各合伙人按照其出资比例获得相应的分红，并且能够根据各

自的贡献程度获得相应的回报。

第三，决策和管理机制。在企业顶层设计中需要考虑如何制定合理的决策和管理机制，确保各合伙人能够有效地参与公司的决策和管理，并能够有效地协调合伙人之间的利益关系，保障公司的长期发展。

第四，财务管理和税务筹划。在企业顶层设计中需要考虑如何制定合理的财务管理和税务筹划策略，确保公司能够合理规划和管理财务和税务，降低税务负担，提高公司的盈利能力和竞争力。

总之，企业顶层设计需要考虑合伙人模式的各种因素，以确保企业能够有效地实施合伙人模式，达到长期稳定发展的目标。同时，合伙人模式也需要根据企业顶层设计的要求进行相应的调整和改进，以确保企业能够实现可持续发展。

（二）合伙人模式与股权激励

合伙人模式和股权激励是两种不同的激励机制，但它们有许多共同点和联系。接下来我们探讨一下它们之间的相互作用以及如何共同促进公司的成功。

第一，合伙人模式是一种公司治理模式，公司所有成员（或大部分公司成员）都是合伙人，拥有公司的所有权和控制权。合伙人通常按照其在公司中的贡献或投资金额来分享公司的利润。在这种模式下，所有的风险和收益都由合伙人共同承担，这使得他们更有动力努力工作并提高公司的业绩。

股权激励是另一种常见的激励机制。它通过向员工或管理层提供公司股份或股票期权来激励他们的工作表现。这种机制的目的是让员工感受到公司的所有权和利润共享，并激励他们为公司的成功而奋斗。

第二，在这两种机制之间，有许多共同点。首先，它们都提供了一种激励机制，以鼓励员工或管理层为公司的成功而努力工作。其次，它们都提供了一种参与公司治理的机制，使员工或管理层更加有利于公司的长远利益。

第三，合伙人模式和股权激励之间的相互作用是非常复杂的。一方面，如果公司是一家合伙人制公司，那么股权激励计划可能不太适合，因为合伙人本身已经拥有公司的所有权和控制权。此外，股权激励计划可能会降低合伙人的收益，因为股权激励会增加其他员工的所有权，从而分散利润池。另一方面，如果公司采用股权激励计划，它可能会对合伙人制度产生影响。由于股权激励计划通常是针对员工或管理层的，因此它可能会造成合伙人和员工之间的分歧。这可能导致合伙人的权利和利益被稀释，从而降低其参与公司治理的能力和意愿。

第四，股权激励计划还可能会影响合伙人模式的有效性。如果股权激励计划激发了员工的积极性和创造力，从而提高了公司的业绩，合伙人制度可能会因此受益。这是因为员工和管理层的高绩效将进一步提高公司的利润和价值，从而增加合伙人的收益和公司的整体价值。

第五，合伙人模式和股权激励计划也可以共同促进公司的长期发展和成功。合伙人制度提供了一种长期利益相关者的视角，使得公司可以更好地平衡短期和长期目标。而股权激励计划则可以为员工提供与公司共同成长的机会，使他们更愿意留在公司并为公司的长期发展贡献力量。

第六，为了实现最佳的结果，公司应该考虑如何平衡合伙人模式和股权激励计划之间的关系。一种方法是制订一个明确的奖励计划，以确保所有参与者都受益于公司的成功。另一种方法是为员工提供有吸引力的股权激励计划，同时确保合伙人制度仍然具有充分的控制权和利益分配。这可以通过在奖励计划中提供额外的优惠或特权来实现。

总之，合伙人模式和股权激励虽然是两种不同的激励机制，但它们之间存在着许多相互作用和联系。合理地平衡这两种机制可以帮助公司实现长期发展和成功，同时激励员工和管理层为公司的成功而努力工作。

五、合伙人制度的几种组织结构

下面介绍目前主流的几种组织结构。

（一）阿米巴组织结构

阿米巴组织结构是一种公司管理模式，是日本京瓷公司的创始人稻盛和夫在20世纪70年代所提出的。阿米巴组织结构以自然界的阿米巴细胞为灵感，致力于实现公司的快速响应、高效运作和持续成长。

阿米巴组织结构的核心理念是将公司分解为许多相对独立、灵活运作的小团队，称为“阿米巴”。每个阿米巴负责一个特定的业务领域或任务，可以根据市场需求和公司战略自主调整运作模式和目标。这种分散式的组织架构有助于提高公司的灵活性、创新能力和市场竞争力。

阿米巴组织结构的主要特点如下。

（1）小团队制。每个阿米巴通常由5~30人组成，规模适中，便于管理和沟通。

（2）自主经营。每个阿米巴负责制订自己的经营计划、目标和预算，并对结果负责。

（3）目标导向。阿米巴成员共同设定目标，通过团队合作实现目标，鼓励创新和持续改进。

（4）结果评价。阿米巴以盈利为导向，通过财务报表等工具定期评估业绩，激励优秀团队和个人。

（5）分权决策。阿米巴负责人有较大的决策权，可以根据实际情况快速调整战略和资源分配。

（6）人才培养。阿米巴组织注重员工的成长和发展，提供丰富的培训和晋升机会。阿米巴组织结构适用于各种规模和行业的公司，特别是那些追求快速成长和高度创新的企业。通过实施阿米巴组织结构，公司可以提高组织效率，激发员工潜能，以更好地应对市场变化和竞争挑战。

（二）蜂巢式组织结构

蜂巢式组织结构受到蜜蜂在蜂巢中高效协作的工作方式的启发，其目标是在公司内部营造一个分散、高度协作的工作环境。在蜂巢式组织结构中，公司被划分为许多自主运作的小团队。它们具有独立的领导和决策能力。这种结构有助于加强公司的创新力、灵活性和自主决策水平。

蜂巢式组织结构的主要特点如下。

（1）规模适中的团队。公司分为众多自主运作的小团队，每个团队通常包含5~20名成员。这有利于加强沟通和团队协作。

（2）高度自治。每个团队都有自己的领导和决策权，可根据公司战略和市场需求自行确定目标和计划。

（3）快速协作。团队之间在项目需要时可以迅速建立合作关系，共享资源和知识，提高整体工作效率。

（4）创新为核心。蜂巢式组织鼓励团队自主创新，尝试新方法和技术，以实现公司战略和目标。

（5）分散决策。团队领导具有较大的决策权，能根据实际状况迅速调整资源分配和工作优先级。

（6）人才成长。蜂巢式组织重视员工个人发展和成长，提供多样化的培训和晋升机会。蜂巢式组织结构适合各种规模和行业的企业，尤其是追求创新和灵活性的企业。采用蜂巢式组织结构有助于企业更好地应对市场变化和竞争压力，激发员工潜能，并提高组织效率与创新力。

（三）细胞团队组织结构

细胞团队组织结构是一种公司管理模式，灵感来源于生物学中的细胞分裂过程。这种结构通过将公司划分为多个自主运作的小团队（或称“细胞”），来实现组织的快速成长、高效运作和持续创新。典型的案例包括荷兰公司BSO/Origin、博组客（Buurtzorg）等。

细胞团队组织结构的主要特点如下。

（1）自主运作。公司被划分为多个相对独立的小团队，通常按照地理区域

进行划分。每个团队负责特定区域的业务活动，具有较大的自主权和决策权。

(2) 规模适中。每个细胞团队的成员数量一般不超过12人，便于沟通和协作。当团队规模扩大到一定程度时，便会自行分裂成两个新的细胞团队。

(3) 地域性分布。细胞团队按照地理区域进行划分，可以更好地满足当地市场需求和客户服务。

(4) 精简管理。细胞团队组织结构降低了公司总部和职能部门的层级，有助于减少管理成本和提高效率。

(5) 团队协作。细胞团队之间可以根据项目需求快速组建合作关系，共享资源和知识，提高整体工作效率。

(6) 支持与指导。公司总部的管理人员和教练会为各个自主团队提供必要的帮助和支持，确保团队顺利开展业务活动。

细胞团队组织结构适用于各种规模和行业的企业，特别是那些追求快速成长、高度创新和地域性服务的企业。通过实施细胞团队组织结构，企业可以提高组织效率，激发员工潜能，更好地应对市场变化和竞争挑战。

（四）网状组织结构

网状组织结构是一种创新的公司管理模式，旨在实现高度自主、协作和扁平化的组织环境。该模式的经典案例是美国戈尔公司，这家制造公司以其戈尔特斯（Gore-Tex）面料而闻名。在网状组织结构中，公司将员工划分为相互交织、协作的团队，没有固定或指定的领导，每个人都具有自主权。

网状组织结构的主要特点如下。

(1) 高度自主。在网状组织结构中，员工享有较大的自主权，可以根据个人兴趣和能力选择工作任务与团队。

(2) 扁平化管理。网状组织结构消除了传统的层级管理体系，减少了组织内部的等级制度和障碍。

(3) 自然领导力。企业依赖于员工之间的直接交流和自愿跟随为特点的自然领导力，而非指定或强制的领导角色。

(4) 紧密协作。员工之间形成相互交织、紧密协作的关系，有助于提高团队协同和整体效率。

（5）灵活组织。网状组织结构可以根据业务需求和市场变化快速调整，实现组织的灵活性和适应性。

（6）人才激励。网状组织结构鼓励员工发挥自己的潜能，实现个人成长和职业发展。

网状组织结构适用于各种规模和行业的企业，特别是那些追求创新、高度协作和灵活性的企业。通过实施网状组织结构，企业可以激发员工潜能，提高组织效率和创新能力，更好地应对市场变化和竞争挑战。

（五）圈子组织结构

圈子组织结构是一种创新的公司管理模式，倡导自我管理圈子和共识决策，以实现高度协作和全员参与。荷兰公司家杰勒德·艾登伯格在20世纪60年代中期提出了这一模式，并受到荷兰教育家基斯·伯克的全员参与制启发。近年来，圈子组织结构已经发展为多种衍生模式，如S3、合弄制以及荷兰电子商务平台Bol.com的Spark模式等。

圈子组织结构的主要特点如下。

（1）自我管理。公司被划分为多个相互关联的自我管理圈子，每个圈子负责特定的职责和任务，成员共同参与决策。

（2）共识决策。圈子内的决策基于共识原则，即所有成员需要达成一致意见才能采纳某项决策，以确保每个人的观点和需求都得到充分考虑。

（3）双向连接。不同圈子之间通过双向连接进行协作和信息共享，确保组织内部的沟通和协调。

（4）动态调整。圈子组织结构可以根据业务需求和市场变化进行动态调整，提高了组织的灵活性和适应性。

（5）全员参与。这一组织结构鼓励所有成员积极参与决策和创新过程，激发成员潜能和创造力。

（6）人才发展。圈子组织结构重视员工个人发展和成长，提供多样化的培训和晋升机会。

（六）链群组织结构

链群组织结构适用于各种规模和行业的企业，特别是那些追求创新、高度协作和全员参与的企业。通过实施圈子组织结构，企业可以提高组织效率、激发员工潜能，以便更好地应对市场变化和竞争挑战。链群组织结构是一种创新的公司管理模式，最早由全球知名家电生产商海尔公司发展而成。在这一模式下，公司将员工划分为众多自主、创业精神旺盛的小微团队。这些小微团队自我管理、自负盈亏，具有自主用人权，并根据内部市场动态选择与其他小微团队合作组成链群。

链群组织结构的主要特点如下。

（1）小微团队。公司被划分为若干个相对独立的小微团队，每个团队负责特定的任务和业务领域。

（2）自我管理。小微团队具有很高的自主性，负责自己的决策、人员招聘和财务管理。

（3）链群合作。小微团队根据内部市场动态选择合作伙伴，组成链群以实现更高效的协作和资源共享。

（4）内部市场竞争。链群组织结构鼓励内部市场竞争，以激发员工的创新能力和提高整体业绩。

（5）人单合一。在这一模式下，员工个人的业绩与小微团队的业绩紧密相关，实现了个人与团队目标的一体化。

（6）灵活调整。链群组织结构具有很高的灵活性，能够根据市场变化和业务需求进行快速调整。

在实际应用中一些公司已将链群组织结构与其他先进的组织模式相结合。例如，美国电子商务公司美捷步采用了基于市场动态的组织模式，将合弄制的圈子和认可决策与人单合一的小微和内部市场动态模型相结合。

（七）团队链组织结构

团队链组织结构是一种创新的组织管理模式，最早是由科尔多·萨拉特萨加在20世纪90年代提出的。这一模式起源于他所领导的西班牙豪华客车制造商伊利萨尔。通过实施团队链组织结构，该公司成功地从濒临破产的困境中走出，并成为世界范围内的行业领导者。

团队链组织结构的主要特点如下。

（1）多专业自我管理团队。在这一模式下，公司被组织成多个自我管理的团队，每个团队负责特定的业务职能，并具有多种专业技能。

（2）团队链协作。这些团队根据事先商定的业务节奏相互协作，形成一个紧密相连的团队链。

（3）高度协作。团队链组织结构强调跨职能和跨团队的协作，以实现更高效的资源共享和信息传递。

（4）快速响应。团队链组织结构具有很高的灵活性，能够快速地响应市场变化和业务需求。

（5）持续改进。在这一模式下，企业不断地进行内部调整和优化，以提高整体业绩和竞争力。

团队链组织结构适用于各种规模和行业的企业，特别是那些注重协作，创新和敏捷性的企业。通过实施团队链组织结构，企业可以提高组织效率，激发员工潜能，并更好地应对市场变化和竞争挑战。此外，萨拉特萨加在离开伊利萨尔后创立了自己的咨询公司，帮助100多家组织转型为内尔模式，其中20家组织共同组建了内尔集团（nerGroup），进一步推广和实践团队链组织结构。

（八）迷你工厂组织结构

迷你工厂组织结构起源于法国哈伦库尔的一家中小公司——法维。该公司专门生产汽车铜转子和变速箱拨叉。在前首席执行官让·富朗索瓦·索柏特的领导下，公司采用了这种独特的管理模式。

迷你工厂组织结构的主要特点如下。

（1）自我管理的团队。企业被划分为多个自我管理的团队，每个团队由15~35人组成。这些团队具有较高的自主权和创业精神。

（2）围绕客户组织。这些团队根据特定客户的需求进行组织，以便更好地

满足客户的要求和期望。

(3) 高度创业精神。每个团队都具有高度的创业精神，能够快速适应市场变化，创新满足客户需求。

(4) 迷你工厂的概念。这些团队在内部被称为“迷你工厂”，意味着它们具有独立运作的能力，可以自主负责生产、质量和交付等方面的工作。

(5) 很高的灵活性。迷你工厂组织结构具有很高的灵活性，能够迅速调整和适应市场变化，提高整体竞争力。

然而，在2009年索柏特离职后，该组织回归到了更传统的管理模式。尽管如此，迷你工厂组织结构仍被视为一种具有创新意义的管理模式，对现代公司具有一定的借鉴价值。

(九) 分形组织结构

分形组织结构是一种独特且非常有创意的组织管理模式，它起源于20世纪70年代初期，由狄伊·哈克在创建维萨国际组织时开发。维萨国际组织在哈克的领导下发展成为全球最大的信用卡组织，拥有1万多家成员。

分形组织结构的主要特点如下。

(1) 自组织、自管理的网络。分形组织结构将企业构建为一个由数千家自治公司组成的自组织、自管理的网络，从而创造一个成员企业既可以竞争又能够合作的环境。

(2) 分形结构。这种组织结构类似自然界中的分形结构，具有高度的自相似性和复杂性。

(3) 权利和利益平衡。分形组织结构需要平衡所有成员的利益和权利，无论其规模或地理位置如何，确保没有任何一名成员或个人可以独自主宰整个组织。

(4) 很高的灵活性。这种组织结构具有很高的灵活性和适应性，可以更好地应对市场变化和业务需求。

(5) 适应自然原则。分形组织结构从自然界中汲取灵感，致力于实现公司的可持续发展与和谐发展。

虽然，在2008年上市之前，维萨国际组织进行了重组，最终放弃了分形结构，转向了更传统的公司组织形式。但是，分形组织结构在当今仍被认为是一种非常有创意且具有前瞻性的组织管理模式，值得现代公司借鉴和学习。

（十）小分队组织结构

小分队组织结构是一种创新的管理模式，起源于瑞典音乐流媒体服务平台声田（Spotify）。该模式强调围绕所谓的“小分队”进行自我管理，实现最大限度的自主权。

小分队组织结构的主要特点如下。

（1）自我管理团队。小分队是由一组具有多种技能的员工组成的团队，他们共同负责完成某一特定任务或项目。每个小分队都具有很高的自主权和责任感。

（2）小型创业公司。小分队被设计成小型创业公司，拥有提供某种服务或产品所需的所有技能。这种组织方式有助于提高效率和灵活性，同时鼓励团队成员追求创新。

（3）部落（Tribe）。部落是由多个小分队组成的大团队，共同关注一个较大的业务领域。部落有助于实现跨小分队之间的协同和资源共享。

（4）行会（Chapter）。行会是由具有相似技能或职责的员工组成的团队，跨越不同的小分队。行会有助于员工之间的知识共享和专业发展。

（5）分会（Guild）。分会是由对某一主题或技能感兴趣的员工组成的自发团队，跨越部落和行会。分会有助于员工之间的交流和合作，促进知识和经验的传播。

小分队组织结构为公司带来了更高的灵活性、更快的决策速度和更强的创新能力。这种组织模式适用于许多行业，特别是需要快速响应市场变化和不断创新的领域。

相比以上10种组织形式，在我国更为大家耳熟能详的是扁平化组织结构和矩阵式组织结构。

（十一）扁平化组织结构

扁平化组织结构是一种现代管理模式，强调减少等级制度，提高员工的自主性和创造力。

以下是扁平化组织结构的主要特点。

（1）较少的层级制度。扁平化组织结构具有较少的管理层级，这意味着员工可以更直接地与上层管理层进行沟通，加快决策速度。

（2）更高的自主性和创造力。扁平化组织结构鼓励员工在日常工作中发挥自主性和创造力，有助于培养员工的责任感和积极性。

（3）更快的决策速度。由于管理层级较少，员工可以更直接地参与决策过程，从而使企业能够更快地作出决策以适应市场变化。

（4）更强的团队精神。扁平化组织结构有助于建立紧密的团队合作关系，员工之间的沟通更加顺畅，共同解决问题和实现目标。

（5）更高的灵活性。扁平化组织结构使企业能够更灵活地应对市场变化，快速调整资源和战略以满足客户需求。

扁平化组织结构适用于许多行业，特别是需要快速响应市场变化和不断创新的领域。通过减少层级制度并鼓励员工的自主性和创造力，扁平化组织结构可以帮助公司实现更高的效率和更强的竞争力。

（十二）矩阵式组织结构

矩阵式组织结构是一种公司管理模式。它将员工划分到多个团队或项目中，以便更好地协调资源和提高效率。

以下是矩阵式组织结构的主要特点。

（1）多维度的划分。矩阵式组织结构将员工按照职能和项目进行划分，使得每位员工同时属于不同的团队或项目。

（2）跨部门合作。矩阵式组织结构鼓励跨部门合作，有助于员工共享知识和经验，实现资源的有效利用。

（3）更强的沟通能力。矩阵式组织结构要求员工在不同团队和项目中进行协作。这要求员工具备较强的沟通和协调能力。

（4）更高的灵活性。矩阵式组织结构可以根据项目需求和市场变化快速调整资源分配，使公司具备更高的灵活性和适应性。

（5）更高的员工积极性。由于员工同时参与多个团队或项目，他们需要不断地学习新技能和新知识。这不仅有助于提高员工的积极性，也有利于他们的职业发展。

矩阵式组织结构适用于需要高度协作和快速响应市场变化的行业，特别是涉及多个部门和跨领域的项目。通过将员工划分到不同的团队和项目中，矩阵式组织结构有助于实现资源的最优化配置和提高公司竞争力。

如前所述，在恩格斯的眼中，联合体的存在实质上都是为经济目的服务的，但这些目的往往为意识形态所掩盖和遮盖。现代社会的团队组织形式多种多样，如扁平化、矩阵式、分布式、蜂巢式和岛屿式。不同的组织形式需要不同的股权设计，以激励员工的积极性和创造力，并平衡不同团队之间的股权分配。例如，扁平化组织结构可能会导致股权集中，因此可以通过股票期权或股票奖励计划来激励员工。在矩阵式组织结构中，需要考虑如何确定每个员工在不同项目中的贡献，并据此制定股权分配方案。分布式团队结构需要考虑如何制定公平的股权分配方案。蜂巢式组织结构需要平衡团队之间的股权分配，可以采用分散的股权设计。岛屿式组织结构需要考虑如何协调不同团队之间的股权分配，可以通过制定一套统一的股权分配方案来实现。未来的联合体将会将清醒和共同的社会福利关心结合起来，在实现经济目的的同时还能为整个社会带来更多的福利。

第二章　合伙人制度的设计

一、合伙模式的设计

在设计合伙模式时，我们要明确潜在合伙人的角色和差别、合伙关系定位、合伙模式设计。

（一）合伙人的角色

在合伙关系中，根据不同的诉求和期望，可以将合伙人分为A、B、C和D四种角色（见图2－1）。接下来我们介绍一下这四类合伙人对财富和权力的诉求，并探讨如何在合伙关系中实现协作和平衡。

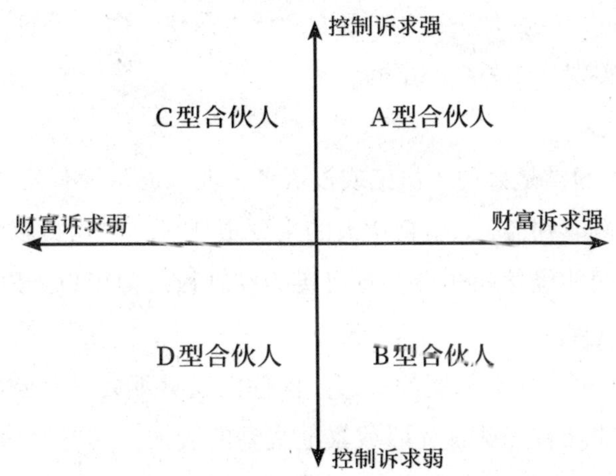

图2－1　基于不同诉求与期望的四种角色合伙人

1.A型合伙人

A型合伙人是那些希望在公司中拥有控制权的人。他们通常是公司的创始人或主要投资者。A型合伙人非常重视对公司的掌控和管理，并且希望自己能够始终掌控公司。他们倾向于把控制权看作比财富更为重要的事情。因此，在分配股份时，A型合伙人会尽可能地保留更多的控制权，即使这意味着自己所持股份的价值可能会下降。

A型合伙人的诉求和期望在很大程度上决定了公司的经营与发展方向。他们通常会作出具有决定性作用的商业决策，并对公司的发展方向有决定性的影响力。但在某些情况下，A型合伙人可能会过于关注控制权，而导致公司无法发挥其潜力。

2.B型合伙人

B型合伙人通常是公司的高管或管理层。他们不一定需要拥有公司的控制权，但是希望对公司的经营管理有更多的影响力。相比于A型合伙人，B型合伙人更加关注公司的财务状况和运营状况。他们希望公司能够保持健康的财务状况，确保公司的长期稳定性和发展。

B型合伙人在合伙关系中通常会与A型合伙人产生一些矛盾。因为B型合伙人更关注公司的财务状况和运营状况，而A型合伙人更关注控制权和公司的战略方向。因此，在合伙关系中，B型合伙人需要平衡自己的诉求和A型合伙人的诉求，以实现合作关系的平衡。

3.C型合伙人

C型合伙人通常是公司的员工或投资者。他们通常没有公司的控制权，但拥有相应的股份或利益。C型合伙人的主要责任是为公司贡献资本和劳动力。他们通常对公司的经营和决策没有直接的控制权，但可以通过合法的程序参与公司的决策过程。

C型合伙人可以持有公司的股票，但他们通常不会持有公司的控制股份。相反，他们可能拥有一些优先股或其他类型的股票。这些股票在公司盈利时可以获得额外的收益。C型合伙人通常是投资者或员工，他们的目标是获得股份的回报和公司的成功。

C型合伙人与公司之间的关系通常是双向的。他们为公司提供资本和劳动力，同时公司也为他们提供投资回报和其他潜在的经济利益。C型合伙人可能会参与公司的决策过程，但通常需要遵守公司的规定和程序。

在公司的合作中，C型合伙人通常是一个重要的资源。他们可以为公司提供资金、人力和其他资源。此外，C型合伙人还可以通过他们的专业知识和技能为公司提供帮助。在合作过程中，C型合伙人需要与其他合伙人密切合作，并为公司的利益着想。

由于C型合伙人通常没有直接的控制权，因此公司需要采取一些措施来确保他们的权益受到保护。例如，公司可能会制定一些制度来确保C型合伙人参与决策过程。此外，公司还可以采取措施来确保C型合伙人获得公正的回报，例如通过制定分红政策等。

4.D型合伙人

D型合伙人通常是一个重要的融资来源。他们可以为公司提供大量的资金，以支持公司的发展和扩张。通常情况下，D型合伙人在公司中拥有最小的权益份额，但他们的投资金额最大。因此，D型合伙人通常会要求在公司的决策中发挥一定的作用，以确保他们的利益得到保护。

D型合伙人通常是机构投资者、风险投资基金、私募股权公司等。他们的投资通常是为了获取高额回报，因此他们在投资时通常会对公司的管理和运营提出一定的要求，以确保他们的投资安全和收益最大化。D型合伙人通常会参与公司的董事会和高级管理层的决策，以确保公司的战略和经营计划符合他们的利益和要求。

与其他合伙人不同的是，D型合伙人通常不会承担公司的风险，他们的风险通常限于他们的投资金额。因此，当公司面临风险时，D型合伙人通常会要求采取更加保守的措施，以确保他们的投资安全。

需要注意的是，D型合伙人的投资通常是短期的，他们通常会在公司发展到一定阶段后退出。在退出时，D型合伙人通常会要求获得高额的回报，以确保他们的投资收益最大化。

（二）合伙人的类别

根据A、B、C、D四种合伙人角色，我们可以将潜在合伙人（投资人）分为九类，具体如下。

1.资金伙伴

资金伙伴是指能够为企业带来资金的合作伙伴。能够用资金买到的往往都是通用资源，因此能够提供资金的合作伙伴可以体现为通用资源合作伙伴，最典型的如股东或者贷款人。

2.资源伙伴

资源伙伴是指能够给公司带来核心资源的合作伙伴，例如能够给零售公司贡献好位置的商铺，能够给冶炼公司提供廉价原矿，能够给物流公司带来仓库车辆，能够为高科技公司带来关键技术，等等。

3.供应伙伴

供应伙伴是指能够提供原材料、零部件、能源、数据等经营要素的合作伙伴（供应商）。与上游供应商结成合作伙伴的最大好处就是可以加固产业供应链，减少应付供应风险而增加的库存成本、采购成本、资金成本、时间成本。

4.销售伙伴

销售伙伴往往是下游的经销商、渠道商、批发商、出口商、连锁销售网点、网商平台等。与下游的经销商结成合作伙伴，有利于扩大并控制市场份额、节约市场费用。

5.服务伙伴

服务伙伴是指能够为公司提供专业化服务的合作者。例如，提供法律服务的律师事务所，提供财务、审计、评估服务的会计师事务所，提供管理运营服务的管理公司，提供规划方案或商业咨询公司，提供信息服务或大数据服务的平台公司等。

6.关系伙伴

关系伙伴是指能够给公司带来各种必要的市场资源关系。例如，银行关系、媒体关系以及能够提供各种要素资源、市场渠道的关系。

7.特殊人才

人才是任何一家公司最重要的资源。这里之所以把特殊人才从一般人才中单独列出，是指那些难以被轻易替代，又不宜形成简单雇佣关系的关键人才。例如，能够为公司或项目带来技术诀窍、销售渠道、品牌形象、管理模式等独特资源的人才。

8.政府机构

政府机构属于特殊的合作伙伴，其无论是产品的采购方，还是资源及政策的提供方，与政府部门的合作往往都需要履行市场规则之外的特殊程序，同时，其利益分配的基础往往不是经济效益而是社会效益。

9.公司员工

从严格的意义上讲，公司所有的员工都应该属于公司的合作伙伴。普通员工提供的人力资源属于易获取并易被替代的通用资源，骨干员工和管理层所提供的则是带有经验值与技术含量的智力资源。

具体可总结为表2-1。

表2-1　潜在合伙人（投资人）的九种分类

类别	所能提供的资源
资金伙伴	通用资源，如股东、贷款人
资源伙伴	核心资源（商铺、原矿、仓库车辆、关键技术等）
供应伙伴	经营要素（原材料、零部件、能源、数据等）
销售伙伴	市场拓展（经销商、渠道商、批发商、出口商、连锁销售网点、网商平台等）
服务伙伴	专业化服务（法律、财务、审计、评估、管理运营、规划方案或商业咨询、信息或大数据等）
关系伙伴	关系资源（银行、媒体等）
特殊人才	独特资源（技术诀窍、销售渠道、品牌形象、管理模式等）
政府机构	社会效益（产品采购、资源政策提供等）
公司员工	人力资源（通用资源、智力资源）

（三）合作关系定位

设计合伙模式和选取合伙人时都要考量一个重要维度——合作关系定位。从关系紧密亲疏角度出发，我们可以将合作关系定位为四类，即排他型合作关系、紧密型合作关系、松散型合作关系、交易型合作关系。

1.排他型合作关系

排他型合作关系是指一种紧密的、独占资源的合作关系，通常存在于共享敏感信息或高价值的资产的合作伙伴之间。在这种合作方式中，合作伙伴所拥有的资源只能为该合作伙伴所用，而不能为其他人所用，因此具有独占性和保密性的特点。

雇佣关系是排他型合作关系中最典型的例子。在这种关系中，雇员在签订雇佣合同后，原则上不能同时为其他公司工作。因此，公司需要支付固定工资来购买雇员全部的工作时间，以保证其对员工的控制和管理。

独家代理关系也是排他型合作关系的一种典型形式。当一个品牌授予某一合作伙伴独家代理权时，该合作伙伴获得了该品牌产品的销售垄断权，其他人不能涉足这个市场。这种独家代理权可以限制在某一特定地区或期限内，以避免完全锁定双方的关系。

排他型合作关系是所有合作关系中合作伙伴关系最紧密的一种形式。如果一家公司希望将相对松散的合作关系进一步拉近，长期锁定合作伙伴，最好的手段是通过聘用和发放工资来实现。公司可以招聘员工或承包商来完成特定的任务，并支付相应的工资或费用。这种方式可以使公司更好地控制其业务流程，并确保关键任务的稳定执行。

2.紧密型合作关系

紧密型合作关系意味着与合作伙伴进行全方位的协作，双方形成相对稳定的利益共同体，但也并不排除合作伙伴可以同时与他人合作。

最典型的亲密型合作关系是股权关系。股东的利益和公司的利益是牢牢捆绑在一起的，公司的成败和股东息息相关。几乎所有国家的公司法都有规定，股东不能随意撤资。公司像一座大楼，而股东是支撑它的柱子。假设有四根柱子（四个股东）支撑这座建筑，如果有一根柱子不想干了，把自己那根柱子给拆了，其他三根柱子也就顶不住了，建筑物就会倒塌。这就是为什么几乎所有国家的法律都限制股东随意撤资，因为每个股东对公司及其他股东都负有责任，必须一起干，如果要退出，必须商量好了。不过，股权关系通常不具有排他性，只要不存在明显的竞争冲突，本公司的股东同样可以投资其他公司，成为其他公司的股东。

另一个非常典型的亲密型合作关系是管理公司。例如，酒店管理公司、电站管理公司、餐饮管理公司、园区管理公司、投资管理公司等。它们负责托管公司运营。公司相当于把自己的命运托付给这些合作伙伴，双方必须建立相互信任、荣辱与共的利益关系。当然，管理公司除了托管本公司和财产之外，还可以同时托管其他公司和财产，关系是非排他性的。

3.松散型合作关系

与紧密型合作关系不同，松散型合作关系意味着双方在某个特定领域或特定时段下进行的局部合作，缺乏稳定性。这种合作关系通常存在于那些提供公司个性化服务或非常规资源的合作伙伴之间，例如会计师、律师、证券公司、咨询公司、广告公司、设备维护公司、数据信息维护公司等。

与提供常规产品和标准化服务的合作伙伴不同，这些提供定制化产品和个性化服务的合作伙伴需要深入了解公司，并有可能分享公司核心机密。因此，随意更换这些合作伙伴将会带来不确定因素，可能对公司的发展造成负面影响。这也是公司需要保持相对稳定的合作关系的原因之一。此外，与紧密型合作关系相比，松散型合作关系具有更高的灵活性和自由度。它们通常可以根据需要进行增减，以满足公司的特定需求。但是，这种灵活性也意味着合作关系的稳定性受到威胁。一旦合作伙伴离开，公司可能需要花费大量时间和资源来寻找新的合作伙伴，并重新建立合作关系。

对于那些提供个性化服务或非常规资源的合作伙伴来说，它们通常需要在合作开始之前深入了解公司的需求和目标，以便提供最佳的解决方案。这需要一定的时间和投入。因此，公司和合作伙伴之间需要建立起互相信任和理解的关系，这是维持稳定合作关系的关键。此外，公司和合作伙伴之间需要建立起一套清晰的沟通和管理机制，以确保双方在合作过程中保持有效的沟通和协作。

虽然松散型合作关系缺乏稳定性，但它对公司来说也具有一些优势。例如，它可以帮助公司减少风险，因为公司可以根据需要增加或减少合作伙伴，以避免过度依赖某一个合作伙伴而产生的风险。

4.交易型合作关系

交易型合作关系是一种相对简单的合作关系，常见于产业链上下游的合作伙伴之间。这种合作关系通常是基于产品或服务的交易，以价格的优惠和支付方式的便利来体现合作双方的特殊关系。交易型合作关系不仅可以增加公司的收益和利润，同时也可以促进整个产业链的协作和发展。

在交易型合作关系中，产业链上游的原材料供应商和服务商通常会与下游的经销商、渠道商和代理商签订长期协议。例如，与主要原材料供应商签订长期协议，可以保持价格的稳定性、降低成本、提高生产效率，从而增加公司的收益；与经销商签订代理价格和付款账期的协议，可以扩大市场份额、提高销售量，同时也可以提高公司在市场上的知名度和品牌价值。

交易型合作关系通常不具有排他性。即使你的供应商为你提供原材料，也不妨碍他为其他公司提供原材料。同样地，你的经销商销售你的产品，也不排除他同时销售其他公司的产品。这种合作关系的开放性可以帮助公司拓展更多的业务合作机会，进一步促进产业链的发展。

同时，交易型合作关系也存在一些风险和挑战。例如，一些供应商或经销商可能会因为利益冲突或市场变化而选择与其他公司合作，从而对公司的供应链或销售渠道产生不利影响。此外，价格优惠或付款账期的延长也可能会增加公司的财务风险。

总之，交易型合作关系适用于产业链上下游的合作伙伴。在实践中，公司需要根据实际情况选择最合适的合作伙伴，并建立长期的合作关系，以便实现共同的发展目标。最后，公司也需要注意风险控制和合作机会的把握，以确保在合作中获取最大的利益和价值。

在了解了合作伙伴的类别以及合作关系定位之后，我们就可以根据项目短缺资源分析以及潜在入局者的情况进行科学决策，以决定是否进行股份分配并进行合作模式设计。

（四）合作模式设计

合作伙伴的资源贡献方式可以从操作层面、资本层面和经营层面来体现，具体如下。

（1）操作层面的贡献。合作伙伴可以通过提供技术、人力、管理经验等资源，对项目的操作层面作出贡献。这些深层次的合作贡献，可以决定项目的管理架构，对项目的顺利实施和成功运营至关重要。

（2）资本层面的贡献。合作伙伴可以通过提供资金、融资渠道等资源，对项目的资本层面作出贡献。这些中层次的合作贡献，可以影响项目的决策架构，对项目的发展方向和扩展空间产生重要影响。

（3）经营层面的贡献。合作伙伴可以通过提供客户、渠道、市场资源等，对项目的经营层面作出贡献。这些浅层次的合作贡献，涉及项目的交易结构，对项目的市场推广、销售增长等方面起到重要作用。

在此基础上，我们来探讨一下合作模式设计的三种类型，即操作层面的合作、资本层面的合作、经营层面的合作。

1.操作层面的合作

与合作伙伴建立何种层面的合作关系，取决于合作者能够贡献的资源和方式。某些公司或机构高度依赖个人能力和素质，例如律师事务所、会计师事务所、管理咨询公司、广告策划公司、医疗诊所等，因此它们往往采用无限责任的合伙制。这种制度属于典型的操作层面的合作。这些公司或机构的有形资产无足轻重，而举足轻重的是无形资产，即人员的素质。这些公司或机构的合伙人能够为其提供智力资源、人脉资源、品牌信誉、实践经验，甚至还需要投入时间精力，亲自参与运营，要对公司或机构的命运承担无限责任。

因此，如果你想在某个城市建立一家咨询分支机构，以便占领该地区的市场，与其投资并购当地的咨询公司，不如直接从中寻找人才。这些公司最有价值之处不在于其有形资产，而在于人才这些无形资产，因此在资本层面上间接介入，不如在操作层面上直接入手。此时是与公司合作不如与人合作。

2.资本层面的合作

股份制公司与合伙制公司完全不同，其合作者之间的关系建立在资本层面上，股东的贡献体现为投入资金的额度，并按照股权比例享受权益。股东虽然可以参与公司的重大决策，但是无须过问操作层面的业务，也不参与具体的经营管理，因此只对公司的命运承担有限责任。所以，如果你想吞并一家股份制的同类公司，采用挖人的手段如同隔靴搔痒，因此最好用股权收购的方式，在资本层面上解决问题。此时是与人合作不如与公司合作。

我国国内有很多刚刚接触资本运营理念的公司家，往往盲目迷信股权合作的功效，认为合作者只有真金白银地投入投资获得股权，才能对项目用心负责，才能构建稳固的合作关系。其实资本的功效并不是万能的，到底采取哪一个层面的合作模式更佳，取决于合作者本身的特点以及所贡献资源的性质。对于不同类型的合作项目，合作模式的选择应该是基于项目本身的需求和双方所能提供的资源来作出的。

在某些情况下，资本合作可能是合适的。例如，当一家公司需要资金来扩大规模、加速发展时，股权融资可能是一种有效的策略。但是在其他情况下，深度合作可能更为适用。这种模式可以帮助双方共同开发项目，共同承担风险，并分享最终收益。

在制药公司和医院的合作中，深度合作模式是更为明智的选择。制药公司可以提供专业的技术和设备，医院则可以提供医生和患者资源，这样双方可以共同开发新药，并根据实际效益进行分配。这种合作模式可以确保双方共同承担风险，共同受益，并为最终合作的成功打下坚实的基础。

在高科技开发项目、地产开发项目、专业服务项目等领域，深度合作模式也是非常常见的。在这些项目中，双方的专业技能和资源相互补充，可以创造出更好的结果。通过深度合作，双方可以共同发挥优势，从而实现更好的合作效果。

因此，对于任何合作项目，选择最适合的合作模式是至关重要的。只有深入了解项目需求和双方的资源情况，才能作出最佳决策，从而实现最好的合作效果。

3.经营层面的合作

为了降低零部件供应的超期和质量风险，一些终端产品加工公司需要与上游供应商建立稳定的合作关系。这种合作可以采用两种模式：一种是在资本层面上出资，进行投资控股或参股上游供应商；另一种是在经营层面上入手，与上游供应商进行全方位的战略合作，共同建立完整的质量管理体系。

这些风险最终会落实到库存上。资本层面的合作模式意味着将上游供应商变成自己的子公司或参股公司，虽然可以降低交易风险和采购成本，但会增加管理成本和库存成本，将交易型合作关系变成操作型合作关系，将上游外部库存变成自己的内部库存。

经营层面的合作模式虽然会提高交易风险和采购成本，但内部管理成本和库存成本较低，相当于将自己的库存放在别人那里。因此，许多大型跨国制造公司倾向于采用第二种合作模式。为了确保交货质量和交货期，这些公司会选择经过严格质量体系认证的供应商，将其培养成为全方位的战略合作伙伴。他们不仅与供应商分享生产计划，还与其分享技术研发成果，并为了保证双方合作关系的稳定性，承诺相对优惠的采购价格和支付条件。

如果能够在经营层面与供应商建立默契的合作关系，终端产品制造公司就可以实现零库存的最优状态。如果上游供应商能够将其零部件生产计划衔接到终端产品生产计划中，做到准时供货、及时送货、随订随到，并将次品率降到趋于0，那么上游供应商的成品库存就等于自己的库存了。这将把囤积式的批量采购变成及时配送的零售采购，虽然会相对提高采购成本，但零库存状态可以节约大量流动资金，全面降低供应风险，最终反而会降低公司的综合成本，提高市场竞争优势。

以上提到的三种合作模式——操作层面的合作、资本层面的合作和经营层面的合作——各有优缺点，我们总结一下。

(1) 操作层面的合作模式是最常见的一种模式。其优点是可以快速获取所需原材料，并且可以在成本上获得一定优势，同时也可以降低交易风险。但其缺点是，在该模式下，公司需要承担较高的库存成本和管理成本，并且难以控制质量风险和超期风险。

(2) 资本层面的合作模式。其优点是可以通过投资控股或参股上游供应商，将上游供应商变成自己的子公司或参股公司，从而获得更多的控制权和经营权，可以更好地管理库存和质量风险。但其缺点是该模式需要承担更高的资本成本和管理成本，并且可能存在整合难度和文化差异等问题。

(3) 经营层面的合作模式则是一种全方位的战略合作模式。其优点是可以通过与上游供应商建立稳定的合作关系，共同建立一套完整的质量管理体系，从而降低质量风险和超期风险。在该模式下，公司可以将库存放在上游供应商那里，从而降低库存成本和管理成本，并且可以实现零库存的最优化状态。但其缺点是，在该模式下，公司需要承担相对较高的采购成本和交易风险。

（五）合作模式差别

根据合作伙伴之间合作关系的强弱，可分出九种常见的合作模式，下面逐一讲述。

1.虚拟股合伙模式

(1) 虚拟股合伙模式出现的原因。虚拟股合伙是一种新兴的合伙模式。它的出现源于新经济时代对公司运营和管理模式的改变。在传统的合伙模式下，股权分配是公司合作中的一大难题。股东之间的权益分配、资金管理、投资回报等方面都可能出现争议。同时，公司往往面临着股东之间信息不对称、权益分配不合理等问题。这些问题都会给公司的发展带来不利影响。

虚拟股合伙模式是一种基于信息技术的新型合作模式。它可以实现股权分散化，让每个合伙人都有机会分享公司的收益，同时避免了传统股东之间的争议和冲突。虚拟股合伙模式可以有效地解决股权分配不公、管理不当等问题，使得公司合伙更加公平、高效。

(2) 虚拟股合伙模式的定义。虚拟股合伙是一种基于信息技术的新型合作模式。它通过发行虚拟股份来代替传统的股权分配，让每个合伙人都有机会分享公司的收益。虚拟股份可以通过区块链等技术进行记录和管理，确保每个合伙人的权益得到保障。

在虚拟股合伙模式下，每个合伙人都可以根据自己的投资比例持有相应数量的虚拟股份。虚拟股份的价值与公司的经营情况相关。如果公司的收益增长，那么虚拟股份的价值也会相应增加。虚拟股份的持有者可以通过交易来出售自己的股份，从而实现投资回报。

(3) 虚拟股合伙模式的适用条件。虚拟股合伙模式适用于以下情况。

第一，多个合伙人共同投资一个项目或公司，但无法确定股权分配比例或会出现分配不公平。

第二，合伙人之间存在信息不对称或合作信任度不高的情况，传统的股权分配模式容易导致合作冲突和分歧。

第三，公司需要灵活的投资者，虚拟股份可以帮助公司更好地吸引和留住投资者。

第四，公司需要融资，但又不希望失去控制权。

第五，公司需要实现股权分散化，让更多的人分享公司的收益。

（4）虚拟股合伙模式的优缺点。

其优点主要体现在以下几点。

· 实现股权分散化，避免了传统股东之间的争议和冲突。

· 让每个合伙人都有机会分享公司的收益，提高了投资者的参与度和积极性。

· 虚拟股份的交易更加灵活，合伙人可以随时出售自己的股份。

· 虚拟股份可以通过区块链等技术进行记录和管理，保障了合伙人的权益。

其缺点主要体现在以下几点。

· 虚拟股份的价值可能会受到市场波动和经营风险等因素的影响，存在投资风险。

· 虚拟股份的流动性可能不如传统股份，有可能存在流动性不足的情况。

· 投资者风险高——由于虚拟股份的价值与公司的经营情况相关，如果公司运营不佳，虚拟股份的价值也会相应下降，从而增加投资者的风险。

· 投资退出难度大——虚拟股份的持有者可以通过交易来出售自己的股份，但是由于虚拟股份并不是股票，而是一种虚拟资产，因此其交易和流动性存在一定的难度。

· 投资者权益保护难度大——虚拟股份的持有和交易记录存在于区块链等技术中，而这些技术还没有得到广泛的监管和保护，因此投资者的权益保护存在一定的难度。

（5）典型公司案例。虚拟股合伙模式在公司中已经得到了广泛的应用。下面以一些典型的公司为例进行介绍。

·微软公司。微软公司曾经推出了一种名为“股权奖励计划”的虚拟股合伙方案。该方案为微软公司的全球员工提供了一定比例的虚拟股份，并规定了股份的归属、转让、行使期限等方面的规则。这种方案激励了员工对公司的忠诚度和创造力，并使得公司的股权分配更加公平和透明。

·滴滴出行。滴滴出行也采用了虚拟股合伙模式，为司机和员工提供了一定比例的虚拟股份。这种方案可以激励司机和员工更加投入到公司的发展中，同时也为他们提供了一定的投资机会。

·360公司安全集团。360公司安全集团采用了虚拟股合伙模式，通过发行虚拟股份来激励员工和投资人的积极性。这种方案也可以有效地解决股权分配不公的问题，提高公司的运营效率和管理水平。

·爱奇艺。爱奇艺也采用了虚拟股合伙模式，为员工提供了一定比例的虚拟股份。这种方案在一定程度上提高了员工工作的积极性和忠诚度，同时也为员工提供了一定的投资机会。

总之，虚拟股合伙模式在公司中的应用已经非常广泛。该模式不仅可以解决股权分配不公的问题，还可以激励员工和投资人的积极性，提高公司的运营效率和管理水平。

2.实股注册模式

(1) 实股注册模式出现的原因。实股注册模式是指在股权投资中，投资者直接持有实物股份，而不是通过基金等其他工具间接投资。这种投资方式的出现，主要有以下四个方面的原因。

第一，投资者需求多元化。随着投资者的多元化需求增加，传统的基金等间接投资方式无法满足所有投资者的需求。实股注册模式可以让投资者自由选择想要投资的公司和股权。

第二，管理费用低。与基金等间接投资方式相比，实股注册模式可以减少中介机构的管理费用和其他费用，让投资者可以更直接地享受公司成长所带来的收益。

第三，投资透明度高。实股注册模式可以让投资者直接了解所持有公司

的业务和财务状况，对于喜欢深入研究公司的投资者来说，这种透明度是非常重要的。

第四，公司融资方式多元化。实股注册模式可以让公司通过发行股票直接融资，而无须依赖传统的债券等融资方式。这种方式可以让公司获得更多的融资渠道，提高融资效率。

（2）实股注册模式的定义。实股注册模式是指投资者直接购买公司发行的股票，持有股份成为股东的一种投资方式。投资者通过买卖股票来获得股息、股利和股票价格上涨带来的收益。

实股注册模式主要包括两种形式，一种是直接购买上市公司的股票，另一种是购买非上市公司的股权。后者通常通过私募股权等方式进行。

（3）实股注册模式的适用条件。实股注册模式适用于以下条件。

第一，投资者有充足的投资知识和风险承受能力。实股注册模式需要投资者具备一定的投资知识和经验，能够对公司进行深入的研究和分析，并且承受投资风险。

第二，投资者具备足够的投资资金。实股注册模式需要投资者具备一定的资金实力，能够购买足够数量的股票，并且有足够的资金储备应对市场波动。

第三，投资者有足够的时间和精力进行投资研究。实股注册模式需要投资者花费大量时间和精力进行公司研究与分析，对于时间和精力有限的投资者来说可能不太适合。

第四，目标公司发展潜力和前景良好。实股注册模式需要投资者对目标公司的发展前景有足够的信心，并且相信自己能够通过研究和分析获取到投资收益。

（4）实股注册模式的优缺点。

其优点主要体现在以下几点。

· 投资者有更大的投资自由度——实股注册模式可以让投资者自由选择想要投资的公司和股权，没有基金等工具的限制。

· 可获得更高的投资回报——实股注册模式可以让投资者获得更高的投资

回报，尤其是对于那些研究深入、挖掘到成长型公司的投资者来说，潜在收益更大。

其缺点主要体现在以下几点。

· 投资风险较高—— 实股注册模式需要投资者具备一定的投资知识和经验，并能承受投资风险，否则可能会面临较高的投资风险。

· 对投资者要求高—— 投资者需要花费大量时间和精力进行研究与分析。

· 对于非上市公司，股权流动性较差—— 相对于上市公司的股票，非上市公司的股权流动性较差，可能会导致投资者难以及时出售股权。

（5）典型公司案例。

腾讯计算机系统有限公司（以下简称腾讯公司）是我国的一家科技公司，成立于1998年，总部位于深圳。该公司经营互联网相关服务，包括即时通信、社交媒体、电子商务、互联网金融等。腾讯公司在2004年在香港联合交易所上市。腾讯公司的实股注册模式可以通过在香港联合交易所购买其股票来实现。该公司的实股注册模式适用于那些具备一定的投资知识和经验，并且有足够的投资资金的投资者。对于那些对腾讯公司未来发展具有信心并且愿意花费时间和精力进行研究与分析的投资者来说，腾讯公司的实股注册模式可以获得更高的投资回报。

直接实股注册在初创公司中更加普遍和常见，直接体现在工商执照上面。

假设小王是一位创业者，他创办了一家名为“小王科技”的初创公司，注册资本为100万元。小王持有该公司60%的股份，其余40%的股份由另外两位合伙人持有。小王在注册公司时选择了直接实股注册方式，因此在工商执照上会显示他作为该公司的股东和持股比例。

该公司从事互联网软件开发和销售业务。经过一段时间的发展，小王的公司得到了一些投资机构的关注，它们愿意为“小王科技”提供资金支持。在考虑投资机构提供的投资方案时，小王发现他需要获得其他合伙人的同意才能实施投资方案，因为他们都是该公司的股东，对公司的决策具有平等的发言权。

在与合伙人协商后，他们达成了一致意见，决定接受投资机构的资金支持。小王的公司在接受投资机构的资金支持后，得以扩大规模和发展业务。此时，小王需要考虑如何平衡投资机构的利益和公司的发展方向。

一种常见的做法是设立董事会，由投资机构和公司管理层共同参与决策。董事会可以制定公司发展战略、审批大额资金支出、选聘高管等事项。投资机构在董事会中具有较大的话语权，但公司管理层也有参与决策的权力和责任。

另外，小王也可以通过制定股权协议来约束投资机构的权利和义务。例如，可以规定投资机构必须在一定时间内退出，或者在公司上市或被收购时需要获得小王或其他股东的同意。

总之，对于初创公司而言，直接实股注册可以保障股东的权益和投资透明度。在吸引外部资金支持时，需要考虑平衡投资机构和公司管理层的权力与责任，制定合理的股权协议和决策机制。

3.有限合伙模式

(1) 有限合伙模式出现的原因。有限合伙模式的出现源于合伙公司的发展需要。传统合伙公司中的合伙人在公司经营过程中享有相等的权利和义务，所有的利润和风险都由合伙人共同承担。但在实际经营过程中，有些合伙人具备的资本和经验并不一定相同，这就会导致在公司运营过程中的资本不足或经验不足的风险。同时，传统合伙公司的合伙人也承担着无限责任的风险。当公司发生损失时，合伙人需要承担个人财产的赔偿责任。因此，有限合伙模式应运而生，以满足公司运营中不同合伙人的需求，并保护合伙人的财产安全。

(2) 有限合伙模式的定义。有限合伙是指由一名或多名有限合伙人和一名或多名普通合伙人组成的公司。其中，有限合伙人仅对公司的财产承担有限的责任，普通合伙人则承担无限责任。在有限合伙公司中，有限合伙人只需要承担他们投入的资本，而不必承担公司的债务和其他风险；普通合伙人则需要承担全部债务和风险。

（3）有限合伙模式的适用条件。

第一，必须有1名或多名有限合伙人和1名或多名普通合伙人。

第二，有限合伙人的责任是有限的，普通合伙人的责任是无限的。

第三，有限合伙人必须投入一定数量的资金或财产，而普通合伙人可以不投资。

第四，有限合伙人不能参与公司的经营管理，只有普通合伙人才能进行经营管理。

第五，有限合伙期限可以长达30年。

（4）有限合伙模式的优缺点。

其优点主要体现在以下几点。

·有限合伙人仅对公司的财产承担有限责任，普通合伙人承担无限责任，能够有效降低合伙人的风险。

·有限合伙人只需出资，无须参与公司的管理，可以更好地发挥其资金的作用，对于资本富余但经验不足的合伙人而言，有限合伙模式更具优势。由于有限合伙人不参与经营管理，普通合伙人可以更自由地进行公司经营和决策，减少了合伙人之间的纷争与不和。

·有限合伙模式有着较高的灵活性，可以根据合伙人的需求进行合理的资本配置和利润分配，方便合伙人进行资产组合和风险分散。

·有限合伙模式在募集资本方面比传统合伙模式更具吸引力，因为有限合伙人不承担无限责任，资本市场更愿意参与其中。

其缺点主要体现在以下几点。

·有限合伙模式涉及的法律和财务方面的手续较为复杂，需要具备专业的法律、财务知识和经验，因此对于初创公司来说，可能并不适合。

·有限合伙人不能参与公司的经营管理，这可能会导致有限合伙人对公司经营情况的了解不足，对公司的发展可能产生负面影响。

·有限合伙人需要承担一定的管理费用和税务费用，这些费用可能会对公司的利润产生不利影响。

（5）典型公司案例。

·魔力时尚。魔力时尚是我国的女装品牌，于2010年成立，总部位于广东省深圳市。魔力时尚以时尚、性感、优雅的女装设计风格为特色，产品涵盖女装、内衣、配饰等多个品类，深受消费者喜爱。魔力时尚在2015年通过有限合伙模式获得了5亿元的融资。在这种模式下，魔力时尚的创始人成为普通合伙人，负责公司的日常经营管理；而投资方则成为有限合伙人，只需要出资，不需要参与公司管理，同时也不需要承担公司债务和其他风险。通过有限合伙模式的融资，魔力时尚成功地解决了公司资金问题，同时减轻了普通合伙人的经济压力，实现了资本的优化配置。

·北京唯品会电子商务有限公司。北京唯品会电子商务有限公司（以下简称唯品会）是我国的在线购物平台，成立于2008年，总部位于北京市朝阳区。唯品会主要销售服装、鞋履、家居用品、化妆品等品类，拥有全球顶级品牌和供应商。在快速扩张的过程中，唯品会面临着资金不足的问题。为了解决这个问题，唯品会于2011年启动了有限合伙模式。根据有限合伙协议，有限合伙人出资支持唯品会的扩张，普通合伙人则负责公司的经营管理。在这个模式下，唯品会的创始人担任普通合伙人，其他投资者则作为有限合伙人参与投资。这种有限合伙模式为唯品会提供了资金支持，并且降低了普通合伙人的风险。有限合伙人在出资时就已经确定了自己的风险承担，他们不必担心公司的债务和其他风险。唯品会通过有限合伙模式吸引了更多的投资者，从而加速了公司的扩张。

·网易。2000年，网易在美国纳斯达克上市，成为我国第一家在美国上市的游戏公司。然而，在快速扩张的过程中，网易也面临着资金短缺的问题。为了解决这个问题，网易于2014年启动了有限合伙模式。在这个模式下，网易的创始人担任普通合伙人，其他投资者则作为有限合伙人参与投资。有限合伙人的资金投入为网易提供了资金支持，并且降低了普通合伙人的风险。通过有限合伙模式，网易吸引了更多的投资者，从而为公司的发展提供了资金保障。

这些案例表明，有限合伙模式在我国的应用较为成功。通过有限合伙模式，这些公司在快速扩张的过程中获得了更多的资金支持，并且降低了合伙人的风险。这种模式为公司的发展提供了保障，有助于吸引更多的投资者，推动公司发展。

4.项目合伙模式

（1）项目合伙模式出现的原因。随着市场经济的发展，公司之间的竞争越来越激烈，公司的规模也越来越大。在这样的市场环境下，公司因不断地追求效益最大化，而面临着市场风险、技术风险、资金风险等一系列风险。在项目合伙模式出现之前，公司通常采取的是传统的合伙模式，即由一方出资，另一方提供技术或者服务，双方合作完成项目后，按照约定的比例分享收益。但是，在这种合伙模式下，出资的一方往往会承担更多的风险，而只负责提供技术或者服务的另一方则缺乏对项目的全面管理和掌控。因此，这种合伙模式不够灵活，也不够公平。而项目合伙模式的出现，有效地解决了这些问题。

（2）项目合伙模式的定义。项目合伙制模式是指由两个或多个独立的公司共同合作、共同出资、共同承担风险、共同管理项目、共享项目的收益。在项目合伙模式下，每个合作方都是平等的合伙人，享有相同的权利和义务。合作方之间签署的是项目合伙协议，协议中明确了各方的权益、责任和利益分配等事项。

（3）项目合伙模式的适用条件。

第一，项目的特殊性。项目合伙模式通常适用于一些高风险、高技术含量、高投入的项目，如新技术开发、研发、新产品推广等。

第二，资源的共享。各合作方在资源方面应具有互补性，相互之间能够共享各自的资源，如技术、资金、人才、市场等。

第三，收益的共享。各合作方都应有一定的经济实力和市场渠道，能够共同承担风险，共享项目的收益。

第四，信任关系。各合作方之间应建立良好的信任关系，能够共同承担风险，共同管理项目。

（4）项目合伙模式的优缺点。

其优点主要体现在以下几点。

· 风险共担 —— 项目合伙模式能够让各合作方共同承担项目的风险，减轻了任何一方承担风险的压力，提高了项目成功的概率。

· 资源共享 —— 各合作方之间可以共享各自的资源，包括技术、资金、人才、市场等，能够加快项目的进程和效率，降低项目成本。

· 管理灵活 —— 项目合伙模式采用平等合作的方式，各合作方都有参与决策和管理的权利，能够更加灵活地管理项目。

· 利益共享 —— 项目合伙模式中各方共享项目的收益，能够提高合作方的利益，并激发各方的积极性，共同推动项目的发展。

· 知识产权保护 —— 在项目合伙模式中，各方之间签订的合同会涉及知识产权的保护，保护了各方的技术和知识产权，有利于公司的长期发展。

其缺点主要体现在以下几点。

· 协商成本高 —— 项目合伙模式需要各方之间进行多次协商和讨论，需要投入大量的时间和精力，增加了协商成本。

· 分配纠纷 —— 在项目合伙模式中，收益分配的问题容易导致各合作方之间的分配纠纷，影响项目的顺利进行。

· 风险传染 —— 如果任何一个合作方在项目中出现问题，都可能会影响到其他合作方，导致整个项目的失败。

（5）典型公司案例。

· 阿里巴巴。阿里巴巴是我国一家电商公司，其发展历程中采用了多种合作方式，其中便包括项目合伙模式。阿里巴巴采用的项目合伙模式，能够让各合作方共同承担项目的风险和管理，共享项目的收益，提高了合作方的积极性，推动了公司的快速发展。

· 滴滴出行。滴滴出行是我国一家出行平台公司，其在发展过程中也采用了项目合伙制模式。滴滴出行在推广时常常采用与地方出租车公司的合作，双方共同出资、共同承担风险、共同管理项目、共享项目的收益。总的来说，滴滴出行采用项目合伙制模式，在其发展初期起到了重要的推动作用，通过与地方出租车公司的合作扩大了自己的用户群体和服务范围，提高了品牌知名度和市场占有率。

5.联营企业合伙模式

(1) 联营企业合伙模式出现的原因。联营企业合伙模式出现的原因主要是传统的公司模式存在一些问题。传统公司模式的特点是以股份为单位进行投资和融资，实现股东的利益最大化，但也存在股东利益冲突和信息不对称等问题。而联营企业合伙模式则是通过合伙人之间的合作和共同投资来实现企业的经营与发展，避免了股东利益冲突和信息不对称等问题。

(2) 联营企业合伙模式的定义。联营企业合伙模式是指由两个或多个企业或个人组成的合伙企业，共同投资、共同承担风险、共同管理和共同分享利润。在联营企业合伙模式中，各个合伙人拥有平等的地位，共同决策和管理公司，共同承担企业的风险和责任，共同分享企业的收益。

(3) 联营企业合伙模式的适用条件。

第一，合伙人具有互补性的优势。联营企业合伙模式适用于合伙人之间具有互补性的优势，可以通过合作实现资源共享和优势互补，提高企业的综合竞争力。

第二，合伙人具有共同目标和愿景。联营企业合伙模式适用于合伙人之间具有共同的目标和愿景，可以通过合作实现共同的目标和愿景，共同推动企业的发展。

第三，合伙人具有相互信任和合作的基础。联营企业合伙模式适用于合伙人之间具有相互信任和合作的基础，可以通过合作实现企业的长期稳定发展。

第四，合伙人具有合理的风险分担机制。联营企业合伙模式适用于合伙人之间具有合理的风险分担机制，可以通过合作实现风险的共担和分担，降低公司的风险和责任。

(4) 联营企业合伙模式的优缺点。

其优点主要体现在以下几点。

· 合伙人之间利益一致——在联营企业合伙模式中，各合伙人共同承担风险和责任，共同分享收益，形成了利益一致的情形，避免了股东利益冲突和信息不对称等问题。

·合伙人之间资源共享—— 在联营企业合伙模式中，各合伙人可以共享资源，通过合作实现优势互补，提高了企业的综合竞争力。

·税收优惠—— 在联营企业合伙模式中，合伙企业的所得税可以按照个人所得税的方式计算，能享受税收优惠。

其缺点主要体现在以下几点。

·合伙人之间责任共担—— 在联营企业合伙模式中，各合伙人共同承担风险和责任，如果出现企业亏损或经营不善等问题，各合伙人都需要承担相应的责任和损失。

·合伙人之间决策不一致—— 在联营企业合伙模式中，各合伙人需要共同决策和管理企业，如果合伙人之间意见不一致，可能会导致决策效率低下和企业发展受阻。

·管理难度大—— 在联营企业合伙模式中，各合伙人需要共同管理企业，需要考虑合伙人之间的协调和沟通，管理难度较大。

·资源分配不均衡—— 在联营企业合伙模式中，各合伙人的资源和贡献度不同，如果没有合理的资源分配机制，可能会导致资源分配不均衡和合伙人之间的不满与冲突。

(5) 典型公司案例。

·苏宁易购。苏宁易购是我国一家成立于1990年的零售公司，主要经营家电、数码、家居等产品。2018年，苏宁易购与戴森合作成立了戴森苏宁合资公司，采用联营企业合伙模式，共同投资、共同管理和共同分享利润。该合资公司利用戴森的技术和品牌优势，结合苏宁易购的市场和运营经验，共同开发和销售戴森产品。这种合作方式实现了两家公司的优势互补，提高了企业的综合竞争力。

·京东。京东是我国一家成立于1998年的电商企业，主要经营电子商务、物流和技术服务等业务。2019年，京东与云南白药成立了白药京东联合实体店，采用联营企业合伙模式，共同投资、共同管理和共同分享利润。该合资公司利用京东的电商平台和云南白药的品牌优势，共同开发和销售白药产品。这种合作方式实现了两家公司的资源共享和优势互补，提高了公司的综合竞争力。

·迪士尼。迪士尼是一家成立于1923年的美国娱乐公司，主要经营影视、主题公园和消费品等业务。1999年，迪士尼与我国的上海申迪集团合作成立了上海迪士尼乐园，采用联营公司合伙模式，共同投资、共同管理和共同分享利润。该合资公司利用迪士尼的品牌和技术优势，结合上海申迪集团的市场和运营经验，共同开发和运营上海迪士尼乐园。这种合作方式实现了两家公司的品牌共享和市场拓展，提高了公司的综合竞争力。

以上三个公司案例展示了联营公司合伙模式的应用和优势。通过合作实现资源共享、优势互补和品牌共享等方式，提高了公司的综合竞争力和市场占有率。

6.生态链合伙（Ecological Chain Partnership）模式

（1）生态链合伙模式出现的原因。随着互联网技术的不断发展和普及，互联网经济已成为国民经济的重要组成部分。在互联网经济的背景下，生态链合伙模式应运而生。生态链合伙模式的出现，一方面是由于互联网技术的快速发展和普及，使得互联网经济进一步深化和扩展，需要更加完善的产业链和生态系统；另一方面是由于传统产业链和生态系统存在缺陷，需要进行改革和创新。

（2）生态链合伙模式的定义。生态链合伙模式是指公司在生态链上寻求与合作伙伴建立合作伙伴关系，在产品设计、研发、生产、销售、售后等各个环节共同发挥各自的优势，形成一种协同合作的生态系统。生态链合伙模式以合作、共赢、共同发展为核心理念，旨在实现整个生态链的共同繁荣和发展。

（3）生态链合伙模式的适用条件。

第一，产业链比较长。

第二，产业链中存在多个优势互补的参与方。

第三，产业链中存在信息不对称的情况，需要通过合作建立信任和合作关系。

第四，需要实现更高的效率和更低的成本，共同开发和利用资源。

(4) 生态链合伙模式的优缺点。

其优点主要体现在以下几点。

· 协同效应明显，各参与方发挥各自的优势，形成优势互补、共同发展的态势。

· 风险分担，各参与方共同承担风险，降低单一参与方的风险。

· 提高效率，优化资源配置，降低成本，提高生产效率和产品质量。

· 建立信任和合作关系，有利于长期合作，增强市场竞争力。

其缺点主要体现在以下几点。

· 合作难度大，需要充分考虑各参与方的利益和风险。

· 合作协议需要精细制定，需要考虑各参与方的权益和责任。

· 合作中存在信息不对称和利益分配不均的情况，需要充分沟通和协商。

· 合作中可能存在合作伙伴之间的竞争和冲突，需要建立有效的沟通机制和协调机制来处理问题。

(5) 典型公司案例。

· 小米。小米作为一家智能手机和智能家居设备制造商，也是一家以生态链合伙模式为核心的公司。小米通过和多家优秀公司建立合作伙伴关系，构建了一个以手机、智能家居设备和互联网服务为核心的生态系统。小米的生态系统中，除了自有品牌的手机和智能家居设备之外，还包括了大量的合作伙伴品牌。例如，小米生态链合作伙伴之一的九号智能，是一家专注于智能家居清洁领域的公司。它的扫地机器人已经成为小米智能家居产品中的一部分。此外，小米还和多家公司合作，推出了智能手表、智能音箱、智能灯泡等智能家居设备。小米的生态链合伙模式不仅扩大了自身的产品线和服务范围，也给合作伙伴带来了更广阔的发展机遇。同时，小米还通过与合作伙伴之间的协调和沟通，建立了相互信任的合作关系，促进了整个生态系统的稳定和健康发展。总之，小米的生态链合伙模式为公司的发展提供了更多的机会和可能性，也为消费者提供了更加优质的产品和服务。

·菜鸟网络。菜鸟网络是阿里巴巴集团旗下的物流公司，致力于建立全球化的智能物流网络。菜鸟网络采用的是生态链合伙模式，与众多物流公司和零售商合作，共同构建起了一个完整的物流生态系统。菜鸟网络的合作伙伴包括了物流公司、仓储公司、快递公司等各个领域的优秀公司。这些公司通过共享菜鸟网络的物流资源和技术平台，既提高了物流效率，又降低了成本。例如，菜鸟网络和京东物流合作，将双方的物流网络连接起来，实现了快递、仓储、配送等全链路服务的整合和优化。此外，菜鸟网络还和各大零售商合作，为其提供物流服务，实现了线上线下的深度融合。例如，菜鸟网络和苏宁易购合作，将苏宁线下门店的仓储、配送等物流资源与菜鸟网络的技术平台相结合，为消费者提供了更加快捷、高效的物流服务。菜鸟网络的生态链合伙模式为公司提供了更加灵活和高效的物流服务，也促进了物流产业的协同发展。同时，菜鸟网络还通过与合作伙伴之间的深入合作和协调，建立了共赢的合作关系，为公司和消费者带来了更大的价值。

7.特许经营制合伙模式

(1) 特许经营制合伙模式出现的原因。特许经营制合伙模式起源于19世纪的美国。由于工业革命的推动，人们对快餐、服装等消费需求急剧增加，因此创造了特许经营制，将一个品牌成功的商业模式复制到不同地区，通过合作伙伴的经营和扩张实现品牌的快速扩张和盈利增长。到了20世纪，特许经营制合伙模式逐渐成为全球公司扩张的主要模式之一。

(2) 特许经营制合伙模式的定义。特许经营制合伙模式是指品牌拥有方授权给合作伙伴以既定的经营模式和经营管理方式，利用品牌影响力和市场竞争力，实现商品和服务的快速扩张，为公司实现盈利增长的一种商业模式。

(3) 特许经营制合伙模式的适用条件。

第一，品牌知名度高。品牌知名度是特许经营制合伙模式的核心因素之一，品牌知名度高的公司可以通过特许经营模式使品牌更快速地扩张和覆盖更广的市场。

第二，商业模式成熟。特许经营制合伙模式的商业模式应该是成熟的，也就是说该商业模式已经在某些区域获得了成功，证明该商业模式可行，这样才能确保特许经营合作伙伴能够复制成功。

第三，合作伙伴有良好的管理能力。特许经营合作伙伴应该有较强的管理能力，能够顺利运营并扩张，为品牌的快速发展提供保障。

(4) 特许经营制合伙模式的优缺点。

其优点主要体现在以下几点。

· 扩张速度快。特许经营制合伙模式可以在短时间内拓展品牌的业务，并快速覆盖更广的市场。

· 风险共担，品牌共享。

· 节约资金。特许经营合作伙伴可以通过利用品牌的知名度和经验，以及总部提供的经营指导和支持，减少开店和运营的资金投入。

· 增加品牌忠诚度。特许经营合作伙伴通常会对品牌有更高的忠诚度和归属感，因为其经营的是一个已经成功的商业模式，可以分享到品牌的成功和成果。

其缺点主要体现在以下几点。

· 品牌形象不稳定。特许经营合作伙伴的经营质量、服务水平和形象会直接影响品牌的形象和声誉，如果合作伙伴经营不善或者存在负面事件，会给品牌带来损失。

· 管理难度大。特许经营制合伙模式需要对合作伙伴进行管理和监督，需要一个强大的总部管理系统和严格的标准化操作流程，增加了管理的难度和成本。

· 利润分配不均。特许经营合作伙伴和品牌拥有方之间的利润分配存在差异，可能会导致合作伙伴对品牌的忠诚度降低，或者出现利益纠纷。

(5) 典型公司案例。

· 麦当劳。麦当劳是全球最大的快餐品牌之一，采用特许经营制合伙模式，在全球范围内拥有3万多家门店。麦当劳为特许经营合作伙伴提供培训、营销、供应链管理等方面的支持，同时对门店进行严格的标准化操作流程和形象标准的监督，保证品牌形象和服务质量的稳定。

·肯德基。肯德基也是一家全球知名的快餐品牌，采用特许经营制合伙模式，在全球范围内拥有2万多家门店。肯德基对合作伙伴提供了包括开店指导、运营、管理培训、品牌宣传等全方位的支持。同时，为合作伙伴提供经营分析和数据分析，以提升门店的运营效率和盈利能力。

·7-Eleven。作为全球连锁便利店的代表性公司，7-Eleven在全球范围内都采用了特许经营制合伙模式。作为品牌拥有方，7-Eleven为特许经营合作伙伴提供完善的经营管理体系和技术支持，帮助特许经营合作伙伴进行店面装修和营销宣传等工作。同时还为特许经营合作伙伴提供商品采购和物流配送等服务，从而保证了特许经营合作伙伴的经营顺利开展。而作为特许经营合作伙伴，则需要遵守7-Eleven的品牌形象和经营管理方式，以及符合7-Eleven的标准化要求，以确保连锁店的一致性和品牌形象的统一性。总体来说，7-Eleven采用特许经营制合伙模式的优点是可以通过快速扩张和提高经营效率来实现盈利增长，同时减少品牌拥有方的经营成本和风险。特许经营合作伙伴也可以通过加盟7-Eleven获得品牌知名度和品牌影响力，同时得到完善的经营管理体系和技术支持，降低了创业的风险和“门槛”。

8.加盟制合伙模式

(1) 加盟制合伙模式出现的原因。随着经济全球化和市场化的进程，加盟制合伙模式在我国的商业市场逐渐兴起，并得到越来越广泛的应用。加盟制合伙模式具有风险共担、利益共享的特点，能够更好地实现资源共享、市场共享和风险共担。

(2) 加盟制合伙模式的定义。加盟制合伙模式是指一种商业合作模式，即在一定的合作协议下，加盟方可以使用被加盟方已有的品牌、技术、产品、服务等资源，并按照被加盟方的经营模式、管理模式等进行经营管理。加盟方需要向被经营方缴纳一定的加盟费和管理费，并按照合作协议规定的方式分享经营利润。同时，加盟方与被加盟方形成合伙关系，风险共担、利益共享。

（3）加盟制合伙模式的适用条件。

第一，品牌知名度高。被加盟方已经具有一定的品牌知名度和市场地位，可以吸引更多的加盟方加入。

第二，经营模式成熟。被加盟方已经有一套成熟的经营管理模式，并能够提供全面的培训和支持，保证加盟方能够按照既定的经营模式进行经营。

第三，产品或服务有竞争力。被加盟方的产品或服务有一定的竞争力，并且具有良好的市场前景和发展潜力，能够吸引更多的消费者。

第四，加盟费和管理费适中。被加盟方的加盟费和管理费适中，既可以满足加盟方的需求，同时也不会给加盟方带来过多的经济负担。

第五，加盟方与被加盟方的文化、理念相符。加盟方与被加盟方在文化、理念等方面应具有一定的相似性，能够在合作中形成共同的价值观念和目标。

（4）加盟制合伙模式的优缺点。

其优点主要体现在以下几点。

· 资金风险小——加盟方可以利用被加盟方的品牌、技术、产品、服务等资源进行经营，降低了开店的初始投入和经营风险。

· 品牌影响力强——加盟方可以利用被加盟方已有的品牌知名度和市场地位，更容易获得消费者的认可和信任。

· 经营管理支持完备——被加盟方可以提供全面的培训和支持，帮助加盟方快速掌握经营技能和管理方法。

· 利益共享——加盟方与被加盟方形成合伙关系，共享经营利润，增加了双方的利益连接，形成了共同发展的动力。

其缺点主要体现在以下几点。

· 存在加盟费和管理费——被加盟方需要向加盟方收取一定的加盟费和管理费，这可能会使加盟方的经营成本增加。

· 无法完全规避经营风险——在加盟制合伙模式中，加盟方仍然需要承担一定的经营风险，包括市场风险、竞争风险和管理风险等。

· 合作协议可能存在不公平条款——合作协议中可能存在一些不公平的条

款，对加盟方的利益造成损害。

·对加盟方的经营自主权有一定限制——加盟方需要按照被加盟方的经营模式和管理模式进行经营，这可能会对加盟方的经营自主权造成一定的限制。

(5) 典型公司案例。

·喜茶。喜茶是我国的奶茶品牌，成立于2013年，采用加盟制合伙模式快速扩张品牌。喜茶的加盟商可以享受到品牌知名度、产品研发、供应链管理等方面的支持，同时加盟费和管理费也相对较低，吸引了众多创业者的加盟。喜茶总部会提供店铺选址、店面设计、人员培训等方面的支持，保障了加盟商的创业成功率。喜茶采用加盟制合伙模式的优点在于，品牌能够快速扩张，快速占领市场，提高品牌知名度。加盟商也能够在品牌影响力下扩大其业务范围。同时，喜茶总部提供了强大的支持和服务，加盟商可以借助总部的资源和经验快速发展，减少了市场风险和经营成本，提高了成功率。

·小熊电器。小熊电器是我国的一个家电品牌，成立于2012年，它通过加盟制合伙模式实现了快速扩张。小熊电器的加盟商可以使用其品牌、产品、技术等资源。同时，小熊电器总部还会提供店铺选址、装修设计、人员培训等一系列支持服务，帮助加盟商快速开店并保证产品质量。小熊电器采用区域代理制度，让加盟商负责一定区域内的销售和推广，同时保障加盟商的利益和品牌形象。而且，小熊电器的区域代理制度让加盟商在一定区域内独家经营，避免了恶性竞争，从而保障了加盟商的利益。

综上所述，加盟制合伙模式在我国的商业市场逐渐兴起，并得到了越来越广泛的应用。加盟制合伙模式具有资源共享、市场共享、风险共担、利益共享等优点，但同时也存在经营自主权受限、经营成本增加、风险无法完全规避等缺点。

9.特殊的普通合伙模式

不同的合伙模式各有优缺点，企业需要根据自身的实际情况和需求选择适合自己的合伙模式。在选择合伙模式的同时，企业还需要考虑库存成本、质量风险、超期风险、采购成本和交易风险等因素，从而实现最优化的供应链管理。

另外，在实际使用过程中可能多种模式并存，或者同一行业不同企业采用了不同的合伙模式。比较典型的就是律师事务所合伙。

律师事务所通常采用的是特殊的普通合伙制度。这种制度可以让律师事务所的合伙人共同承担责任和分享利润，同时保持独立的职业身份。普通合伙制度要求合伙人对律师事务所的债务承担无限责任，这意味着合伙人存在为律师事务所的债务承担个人财产的风险。

因此，在某些情况下，律师事务所可能采用特殊的普通合伙制度。例如，某些律师事务所可能会选择有限责任合伙制度。这种制度使得合伙人的责任仅限于其所投资的金额。这种制度可以为律师事务所的合伙人提供更多的保护和灵活性。

另外，律师事务所还可能采用类似公司的合伙制度，使其合伙人拥有类似股东的权益，并以类似于公司的方式运作。这种制度可以带来更大的灵活性和更高的管理效率，但也可能会增加一些复杂性和法律责任。

我国此前的企业制度形式设置中未包括特殊的普通合伙制度，随着2006年8月《中华人民共和国合伙企业法》修订之后，特殊的普通合伙制度被初步确立。2007年10月修订的《中华人民共和国律师法》再次确定了这种特殊的制度形式。之后，关于律师事务所采用特殊的普通合伙制度的相关问题逐渐为业内人士所关注。

（1）特殊普通合伙制度出现的原因。特殊的普通合伙制度的出现主要是为了解决专业人士执业特点与普通合伙人无限连带责任之间的矛盾，以及传统合伙的“人合性”与专业组织规模化经营的矛盾。传统的普通合伙制度要求合伙人对合伙债务承担无限连带责任。这对于许多专业人士来说存在一定的风险，因为他们执业所涉及的责任范围较大，可能会因为其他合伙人的过错而承担无限连带责任。这显然不符合专业人士执业的特点。特殊的普通合伙制度的出现，就是为了解决这个问题，让专业人士在执业中能够更好地保护自己的利益。

(2) 特殊的普通合伙制度的定义。特殊的普通合伙制度是指各合伙人在对合伙债务承担无限责任的基本前提下，对因其他合伙人过错造成的合伙债务不负无限连带责任的一种合伙制度。特殊的普通合伙制度的合伙人有两种身份：一种是有限责任合伙人，另一种是普通合伙人。其中，有限责任合伙人的责任仅限于其出资额，而普通合伙人则需要对合伙债务承担无限连带责任。

(3) 特殊的普通合伙制度的适用条件。

第一，适用于各类专业人士组建的合伙公司，比如律师事务所、会计师事务所等。

第二，适用于一些高风险和高收益的投资领域，如风险投资、私募股权投资等。

(4) 特殊的普通合伙制度的优缺点。

其优点主要体现在以下两点。

· 能够为专业人士提供更好的保护，让他们在执业中更加自信和安心。

· 可以促进专业人士之间的合作，让他们更好地协作，提高整体业务水平。

其缺点主要是普通合伙人的风险并没有得到很好的保障，因此在实践中需要注意风险控制。

(5) 典型公司案例。

北京市某知名律师事务所在组建时就采用了特殊的普通合伙制度。根据该所的官方网站介绍，该所合伙人均为注册律师，共计45人，其中有限责任合伙人占20%，普通合伙人占80%。采用特殊的普通合伙制度后，该所的律师可以更好地保护自己的利益，避免因其他合伙人的过错而承担不必要的风险。同时，该所的律师也能够更好地协作，提高整体业务水平。

二、合作伙伴的选择

（一）选择合作伙伴的注意事项

在创业过程中，合作伙伴的选择至关重要，因为合伙人之间的关系会直接影响企业的发展。因此，在选择合作伙伴的过程中应注意以下七方面的问题。

（1）确定合作伙伴的价值观和目标。在开始合作之前，确保你与潜在的合作伙伴有相似的价值观和目标，以避免未来发生冲突。

（2）确定合作伙伴的职责和权力。在合作协议中，详细说明每个合作伙伴的职责和权力，以避免日后发生争议。

（3）建立有效沟通的机制。建立一个能够有效沟通的机制，以确保每个合作伙伴都有机会表达自己的看法和意见。例如定期开会或交流，确保信息的传递和理解。

（4）建立解决冲突的机制。在合作协议中，建立解决冲突的机制。如果合作伙伴之间发生了冲突，可以按照协议中的方式和流程进行解决。

（5）要具备灵活性和妥协精神。合作伙伴之间要具备灵活性和妥协精神。如果遇到困难，双方都需要有妥协的意愿，以达成共同的目标。

（6）专业化。让每个合作伙伴专注于自己的专业领域，这样可以充分利用每个人的专长，提高整个团队的效率。

（7）长期合作。在合作开始之前，确保合作伙伴之间对长期合作有共同的意愿和期望。这样可以避免在合作过程中出现不必要的分歧。

（二）合作伙伴筛选指标

如表2－2所示的合作伙伴筛选指标工具旨在帮助公司快速、准确地选取合适的合作伙伴。通过设定具体的指标和标准，公司可以对潜在合作伙伴进行量化评估，提高选取合作伙伴的准确性和效率。

表2-2 合作伙伴筛选指标

序号	筛选指标	筛选标准
1	公司信誉	信誉评分≥4.0（满分5.0）
2	财务实力	资产负债率≤60%
3	行业经验	行业从业时间≥5年
4	技术能力	拥有≥3项核心专利技术
5	管理水平	80%以上的管理团队成员具有管理经验≥5年
6	合作意愿与资源匹配度	资源互补性评分≥4.0（满分5.0）
7	市场网络	市场渠道覆盖率≥80%
8	法律合规性	合规记录无重大违规行为，税收合规率≥95%

1.指标的解释

（1）公司信誉：用于衡量合作伙伴的品牌声誉、诚信度和历史业绩。信誉评分越高，说明合作伙伴的信誉越好。但请注意，信誉评分仅供参考，实际操作中还需结合其他信息进行综合判断。

（2）财务实力：用于评估合作伙伴的资金实力、财务稳定性和盈利能力。资产负债率越低，说明合作伙伴的财务状况越健康。但请注意，财务数据可能存在滞后性，需要关注合作伙伴的财务数据变动。

（3）行业经验：反映合作伙伴在相关行业的经验，包括市场份额、客户资源等。行业从业时间越长，说明合作伙伴在行业内的经验越丰富。但请注意，行业经验并非唯一评价标准，需结合其他指标综合评估。

（4）技术能力：用于衡量合作伙伴的核心技术、创新能力和知识产权等。核心专利技术越多，说明合作伙伴的技术实力越强。但请注意，技术能力需根据合作项目的实际需求进行评估。

(5) 管理水平：用于评价合作伙伴的管理团队、组织结构和管理制度等。管理团队成员具有丰富的管理经验，说明合作伙伴具备较高的管理水平。但请注意，管理水平的评估需要结合实际情况进行。

(6) 合作意愿与资源匹配度：用于评估双方资源互补性、合作目标一致性及合作潜力。资源互补性评分越高，说明双方合作的潜力越大。但请注意，合作意愿与资源匹配度需要根据实际情况进行调整。

(7) 市场网络：用于衡量合作伙伴的市场渠道、销售网络及客户资源等。市场渠道覆盖率越高，说明合作伙伴的市场网络越广泛。但请注意，市场网络的实际价值需要根据合作项目的需求进行评估。

(8) 法律合规性：用于评估合作伙伴的法律合规性、税收合规性及遵循行业法规等情况。合规记录无重大违规行为和较高的税收合规率，说明合作伙伴具备较好的法律合规性。但请注意，法律合规性的评估需要持续关注，防范潜在的法律风险。

2.使用注意事项

(1) 本工具提供的筛选指标和标准仅供参考，具体应用时需结合公司的实际需求进行调整。

(2) 指标之间可能存在相互影响，需要综合评估各项指标的权重，确保评估结果的公正性和准确性。

(3) 在选取合作伙伴时，除了参考本工具提供的指标和标准外，还需关注合作伙伴的发展趋势、行业动态等因素，以确保选取到最适合的合作伙伴。

(4) 在实际应用中，建议对潜在合作伙伴进行多轮筛选，以提高选取准确性。初步筛选可以采用较宽松的标准，随后逐步提高筛选标准，直至找到最佳合作伙伴。

(5) 公司在使用本工具时，应确保获取的数据真实可靠，避免因数据问题导致评估结果失真。

通过遵循以上说明和注意事项，公司可以更好地利用本合作伙伴筛选指标工具，提高选取合作伙伴的准确性和效率。

三、如何与有资金的合作伙伴合作

在创业过程中，与有资金的人合作是至关重要的一步。合适的合作伙伴可以为创业者提供资金支持、技术资源以及市场渠道等多方面的帮助。

（一）选择合适的合作伙伴

选择合适的合作伙伴是与有资金的人合作的第一步。对此，应注意以下几个方面的问题。

1.审查资金提供者的背景和资金来源

在与有资金的人合作之前，创业者需要对其进行背景调查。了解合作伙伴是否为合法投资者，投资来源是否合规，以及他们是否拥有足够的资金支持你的业务。可以通过查阅公开信息、咨询专业人士或者寻求第三方机构的帮助来进行调查。

2.评估合作伙伴的技能、经验和资源

创业者需要考虑合作伙伴是否具备与业务发展相关的技能和经验，以及他们是否能为公司提供有价值的资源。同时，分析合作伙伴在行业内的地位和影响力，以评估他们对公司的长期价值。

3.确保双方的目标、价值观和工作方式一致

在选择合作伙伴时，务必确保双方的目标、价值观和工作方式相互契合。这有助于保证合作的顺利进行，避免因为理念不合而导致的合作破裂。

以上只是非常重要的几点，具体可参照合作伙伴筛选指标（见表2－2）。

（二）选择合作方式

在确定好合作伙伴之后，我们要确定一下合作方式。以下为几种常见的合作方式。

1.股权投资

采用股权投资时，合作伙伴成为公司的股东，按照各自的资金投入和技术团队贡献分配股权。各方的权益将与公司的发展紧密相关。股权投资适用于那些希望共享公司发展成果的合作伙伴。

2.债权投资

采用债券投资时，合作伙伴可以选择为公司提供贷款，成为公司的债权人，公司需要按照约定的利率和期限向合作伙伴支付利息与本金。这种合作方式适用于那些希望获取固定收益而不参与公司管理的投资者。

3.战略合作

如果合作伙伴拥有对公司发展有价值的资源或渠道，可以考虑与公司建立战略合作关系。双方可以根据合同约定的方式分享利益，如固定费用、分成比例等。战略合作可以帮助公司获取关键资源，同时降低与合作伙伴的股权纠纷风险。另外，还有股权激励、项目融资、知识产权投资等合作方式。六种合作方式的优缺点比较具体见表2－3。

表2－3　六种合作方式的优缺点比较

投资方式	优点	缺点
股权投资	分享公司发展成果，共同承担风险	可能涉及公司管理权，股权纠纷风险较高
债权投资	固定收益，不参与公司管理	收益相对有限，资金回收受到公司还款能力影响
战略合作	获取关键资源，降低股权纠纷风险	需要确保合作伙伴资源的稳定性与可持续性
股权激励	激发合作伙伴积极性，降低现金支出	可能对公司股权结构产生影响，需谨慎设计激励方案
项目融资	集中资金用于特定项目，降低整体风险	需要确保项目的执行力，项目失败可能影响公司声誉
知识产权投资	创新能力得到提升，增加市场竞争力	需要合作伙伴具备相应的技术能力，且有保密风险

（三）制定合作协议

制定合作协议是合作中很重要的一个环节，在这个过程中要注意以下几个问题。

1.确定合作方式和资金来源

在制定合作协议时，首先要明确合作方式，包括股权投资、债权投资或战略合作。同时，要确保合作伙伴的资金来源合法，避免给公司带来法律风险。

2.商定股权分配、管理方式和退出机制

合作协议应明确股权分配比例，以反映各方的投入和贡献。同时，要约定公司的管理方式，包括决策流程、职责分工等。此外，协议还应包含退出机制，以便在合作终止时妥善处理各方的权益。

3.设定双方的权利和义务

合作协议应明确双方的权利和义务，包括投资、技术支持、市场推广等方面的具体内容。确保双方在合作过程中能够明确各自的责任，有助于避免潜在的纠纷。

4.确保协议内容清晰、具体且具有可执行性

合作协议应具有明确的条款和清晰的约定，避免模糊不清的表述。同时，确保协议具有可执行性，便于在出现纠纷时依法解决。

投资入股协议（模板）

甲方（投资人）：甲

乙方（投资人）：乙

丙方（投资人）：丙

丁方（投资人）：丁

鉴于甲、乙、丙、丁各方同意共同投资设立一家公司，经各方协商一致，特订立本投资入股协议书（以下简称“本协议”），以充分明确各方的权益及义务。

第一条　投资认缴出资

1.甲方同意向公司投资人民币________万元，占公司注册资本的____%。

2.乙方同意向公司投资人民币________万元，占公司注册资本的____%。

3.丙方同意向公司投资人民币________万元，占公司注册资本的____%。

4.丁方同意向公司投资人民币________万元，占公司注册资本的____%。鉴于丁方技术团队对公司的重要性，各方同意适当提高丁方的股权比例。

第二条　投资方式

各方同意，甲、乙、丙、丁四方的投资方式均为一次性支付现金。

第三条　股权转让

未经其他股东同意，任何一方不得擅自将其股权转让给非公司股东的第三方。

第四条　公司的盈利分配

公司的净利润按照各方在公司的股权比例进行分配。

第五条　争议解决

如本协议的履行过程中发生争议，各方应首先协商解决。协商不成的，各方同意将争议提交至有管辖权的人民法院诉讼解决。

第六条　本协议的生效

本协议自各方签字（或盖章）之日起生效。

第七条　其他

本协议一式四份，甲、乙、丙、丁各执一份。

甲方（投资人）：

乙方（投资人）：

丙方（投资人）：

丁方（投资人）：

签订日期：　　　　年　月　日

注：本投资入股协议仅供参考，具体条款应根据实际情况商定。如涉及法律问题，请咨询专业律师。

（四）设计与实施股权分配方案

1.设计股权分配方案

设计股权分配方案时应注意以下几项。

（1）考虑各方的资金投入、技术贡献和人力资源。在设计股权分配方案时，要充分考虑各方的资金投入、技术贡献和人力资源，这有助于确保各方的权益得到充分保障，激发团队的创新和创业精神。

（2）平衡各方的利益。在分配股权时，要权衡各方的利益，确保股权分配公平合理。同时，要考虑到公司未来发展的需要，预留一定比例的股权用于激励和吸引人才。

（3）激励创新和创业精神。股权分配方案应鼓励创新和创业精神，通过设立激励机制，让合作伙伴和团队成员共享公司的发展成果。

有四个潜在合伙人甲、乙、丙、丁，他们分别出资100万元、50万元、40万元和10万元。此外，丁还带来了一个完整的技术团队，为公司提供决定性的技术解决方案。

在这种情况下，可以根据各方的资金投入和技术贡献来分配股权（见表2－4）。

表2-4　股权分配方案

合伙人	资金投入（万元）	资金占股	技术贡献	技术占股	合计股权
甲	100	40%	无	0	40%
乙	50	20%	无	0	20%
丙	40	16%	无	0	16%
丁	10	4%	提供技术团队5%	15%	24%

说明：

甲：根据其100万元的资金投入，占股40%。

乙：根据其50万元的资金投入，占股20%。

丙：根据其40万元的资金投入，占股16%。

丁：尽管其资金投入只有10万元，占股4%，但由于其技术团队对公司的重要性，可以适当提高其股权比例，比如占股20%，合计24%。

2.实施股权分配方案

在具体实施股权分配方案时，需要考虑以下几个方面。

(1) 设计人力股分红权。人力股是指公司根据员工的职位、能力和业绩，以股权的形式分配给员工的激励。分红权是指股权持有者有权按照其所持股份比例分享公司盈利的权利。可以根据公司的财务状况、盈利能力，以及市场行情等因素，制定合适的分红政策，确保员工和合作伙伴的权益得到保障。

(2) 设计解锁期。解锁期是指员工或合作伙伴获得的股权需要在一定时间内逐步解锁的期限。这样的设计有助于激励员工和合作伙伴长期为公司创造价值。解锁期的长短可以根据公司的实际情况和市场行情来设定，通常会在1—4年。

如表2－5所示为一个适宜性的股权成熟与解锁表。

表2-5　适宜性的股权成熟与解锁表

姓名	总股权	解锁期（年）	每年解锁比例	第1年解锁股权	第2年解锁股权
甲	40%	4	25%、25%、25%、25%	10%	10%
乙	20%	4	25%、25%、25%、25%	5%	5%
丙	16%	4	25%、25%、25%、25%	4%	4%
丁	24%	4	25%、25%、25%、25%	6%	6%

后续两年，依次继续解锁即可。

(3) 制订激励计划。为了鼓励员工和合作伙伴创新和创业精神，提高公司业绩，可以制订不同级别的激励计划，例如年度奖金、期权激励、股票激励等。激励计划的具体内容应与公司的发展战略和财务状况相匹配。

(4) 设立股东大会。公司应设立股东大会，定期召开，让股东了解公司的运营状况、财务状况和发展前景。股东大会可以作为公司决策的重要平台，确保各方权益得到充分保障。

（5）制定股权回购和转让政策。对于员工和合作伙伴离职或终止合作的情况，公司应制定合理的股权回购和转让政策。这可以帮助公司维护稳定的股权结构，同时确保离职员工和合作伙伴的权益得到合理的处理。

（6）设立法律和税收咨询团队。为了确保股权分配方案的合法性和合规性，公司应设立专门的法律和税收咨询团队。这些团队可以帮助公司解决股权分配过程中可能出现的法律和税收问题，降低风险。

（五）建立良好的沟通和协作机制

1.定期召开合作伙伴会议

为确保合作伙伴之间的沟通畅通，应定期召开合作伙伴会议。在会议上，各方可以分享公司发展状况，讨论战略方向，解决合作中出现的问题。

2.透明化信息共享

为建立信任，应实施透明化的信息共享机制。及时向合作伙伴报告公司的运营状况、财务状况及重要决策，以便各方了解公司的发展状况并为公司的决策提供有益建议。

3.制定合作伙伴协作规范

为了确保合作伙伴之间的协作高效顺畅，应制定合作伙伴协作规范。合作伙伴协作规范包括沟通方式、决策流程、任务分工等内容，以便各方明确自己的角色和责任。

4.建立有效的争议解决机制

在合作过程中，可能会出现纠纷或分歧。建立有效的争议解决机制有助于妥善处理这些问题，防止合作受到损害。争议解决机制包括友好协商、调解、仲裁或诉讼等方式。

与有资金的人合作是创业过程中的关键一步。创业者应当从选择合适的合作伙伴、选择合作方式、制定合作协议等方面全面考虑，以确保合作的顺利进行。同时，通过设计与实施合理的股权分配方案，建立良好的沟通和协作机制，可以激发团队的创新和创业精神，实现公司的持续发展。在这个过程中，创业者需要保持灵活的心态，不断调整和优化合作策略，以应对不断变化的市场环境和竞争态势。

四、如何与有资源的合作伙伴合作

（一）资源的类别

一家公司所需的各种资源一般可以分为六类，即财务资源、人力资源、知识资源、物质资源、商业网络资源、品牌和市场声誉资源。

1.财务资源

财务资源是指公司所拥有的资本以及公司在筹集和使用资本的过程中所形成的独有的不易被模仿的财务专用性资产。主要包括初始投资、运营资金、银行贷款、信贷、政府补贴、税收优惠，等等。还包括一些外部投资者的资源，如天使投资人、风险投资公司等。

2.人力资源

人力资源是公司实现卓越绩效结果的最重要的战略资源。产品与服务的竞争在一定程度上表现为公司的人力资源素质的竞争。

一家公司的人力资源一般由高层管理团队（如首席执行官、首席运营官等）、技术团队（如工程师、设计师、数据分析师等）、销售和市场团队（如销售代表、市场营销专家等）、行政和支持人员（如财务、人事、行政助理等）组成。

3.知识资源

公司的知识资源是指公司拥有的可以反复利用的，建立在知识和信息技术基础上的，能给公司带来财富增长的资源。知识资源一般包括三个方面的内容，即公司创造和拥有的无形资产、信息资源、智力资源。

4.物质资源

一家公司的物质资源主要包括公司的土地、厂房、生产设备、原材料等。其中，具有稀缺性的物质资源能使公司在市场竞争中获得独特的竞争优势。

5.商业网络资源

一家公司的商业网络资源一般包括行业合作伙伴和供应商、客户和潜在的客户关系、政府和行业组织关系、同行和竞争对手关系等。

6.品牌和市场声誉资源

一家公司的品牌和市场声誉资源一般包括公司形象和品牌识别度、客户满意度和口碑、社交媒体和在线评价、公司文化和价值观。

通过了解公司所需的这些资源，可以更好地评估潜在合作伙伴是否具有为公司带来价值的资源，例如资金、技能、经验和网络等。

（二）合作的步骤

一般而言，与有资源的合作伙伴进行合作的步骤如下。

1.定义需求

首先，明确自己需要哪些资源，从而确定在哪里可以找到这些资源，包括资金、专业知识、市场渠道等。

2.寻找合适对象

确定了需要什么样的资源，便开始寻找拥有这些资源的合适对象。可以通过各种途径进行搜索，例如在社交媒体上发布招聘信息，参加相关的会议和活动，向朋友和同事咨询等。

3.建立联系

找到了合适的对象，就需要建立联系。建立联系的方式有电子邮件、电话或面对面会议等。

4.建立信任

与资源对象建立信任关系是很重要的。在与资源对象建立信任关系的过程中，需要让对方了解自己的计划和愿景，并向对方展示自己的专业知识和诚信，等等。

5.讨论合作形式

一旦建立了信任关系，就可以开始讨论如何合作。可以考虑将对方作为合伙人、投资者或顾问等。具体选择应该根据双方需求和意愿决定。

需要注意的是，将有资源的人发展为合伙人需要考虑多方面的因素，例如双方的贡献、责任和期望等。在作出决定之前，应该评估所有的选项，并谨慎考虑每个合作伙伴的贡献和利益。

根据对方提供的资源定义对方的角色并设计合作模式，可以遵循以下步骤。

(1) 确定资源类型。首先，确定合作伙伴提供的资源类型。这有助于了解对方最擅长的领域以及可能在公司中担任的角色。

(2) 分析资源价值。对合作伙伴提供的资源进行深入分析，以确定它们对公司的价值。这有助于了解对方在公司中的作用和地位。

(3) 确定角色和职责。根据合作伙伴的资源类型和价值，为合作伙伴分配一个明确的角色，可以是管理层职位、技术领导、市场营销负责人等。确保明确定义对方的职责和期望。

(4) 设计合作模式。在定义合作伙伴的角色和职责后，开始设计合作模式。合作模式可以包括以下几种。

·合伙人，即合作伙伴作为公司的共同所有者，共享公司的收益和损失。这可能需要他们在公司中承担更多的责任和风险。

·投资者，即合作伙伴仅为公司提供资金支持，不参与公司的日常运营。他们可以通过股息或公司增值获得回报。

·顾问或专家，即合作伙伴提供专业知识和建议，帮助公司解决特定问题。他们可能会获得一定的报酬，但不拥有公司的股权。

·供应商或合作伙伴，即合作伙伴为公司提供特定的产品或服务，双方通过合同约定合作条款。

表2－6所示为根据合作伙伴所能提供的资源所确定的角色定位与合作模式。

表2-6 角色定位与合作模式

提供资源	角色定义	合作模式
财务支持、管理经验、战略规划	管理层职位	合伙人
技术专长、研发资源、专利知识	技术领导	合伙人/顾问
市场推广、销售网络、客户关系	市场营销负责人	合作伙伴/顾问
行业经验、关系网络、政策了解	行业顾问	顾问
产品或服务供应	供应商或合作伙伴	合作伙伴
资金投资	投资者	投资人

6.制定合作协议

在确定合作模式后，需要制定一份合作协议，明确双方的权利、义务和责任。合作协议应包括合作期限、投资金额、股权分配、收益分配、退出机制等内容。确保在签署协议之前，双方对合作条款达成一致。

在整个过程中，必须确保透明度和有效沟通，以便双方明确明了彼此的期望和责任。

五、如何与有关系的合作伙伴合作

需要明确的是，此处的“有关系”主要是指有市场资源关系，如能够提供各种要素资源、市场渠道的关系。

（一）合作策略

在公司合作过程中与有关系的合作伙伴合作，可以遵循以下策略并预防潜在风险。

1.明确目标和期望

在开始合作之前，确保与合作伙伴就合作目标和期望达成一致。这有助于防止未来出现误解或分歧。

2.保持专业

尽管自己与合作伙伴可能有私人关系，但在业务合作中要保持专业。不要让私人关系影响到工作决策和责任。

3.划分职责

为避免角色冲突，应明确划分责、权、利。确保每个人都了解自己的角色和职责，并遵守约定。

4.沟通与反馈

定期进行沟通和反馈，确保合作双方了解项目进展和面临的挑战。开放、诚实的沟通有助于解决问题，保持良好的合作关系。

5.设立界限

在与有关系的人合作时，应建立明确的界限。例如，工作时间专注于工作，避免讨论私人事务。

6.合作协议

签订合作协议，明确合作双方的权利、义务和责任。这有助于防止合作中出现纠纷，并为解决问题提供依据。

7.预防利益冲突

避免让私人关系影响业务决策，以免产生利益冲突。在涉及重要决策时，尽量客观、公正地对待每个合作伙伴的意见和建议。

8.风险管理

识别潜在风险，并制定预防措施。例如，为应对可能的合作伙伴退出，可以提前确定退出条款和条件。

9.保持诚信

诚信是建立任何合作关系的基石。在与有关系的人合作时，更要注意诚信，不要因私人关系而忽视商业道德。

（二）分配股份

当然相比上述的策略和风险规避，更多人希望知道如何为这份“关系”定价。接下来我们来讨论一下如何给有关系的合作伙伴分股份。

1.评估价值

首先评估这个有关系的合作伙伴能为公司带来什么价值，考虑它们的专业技能、经验、关系网络以及对公司未来发展的潜在贡献。

表2－7所示为综合价值评估表。

表2－7　综合价值评估表

评估项目	描述	评分（1—10）
资金投入	它们是否愿意投入资金以支持公司的运营和发展？投入的资金规模如何？	
专业技能	它们具备哪些专业技能？这些技能对公司的发展和运营有多大帮助？	
行业经验	它们在相关行业积累了多少年的经验？这些经验如何支持公司的业务？	
关系网络	它们是否有丰富的市场资源关系？这些关系如何帮助公司扩展业务、拓展市场？	
业务发展	它们是否能帮助公司拓展新业务、进入新市场或与潜在客户建立联系？	
管理能力	它们是否具备管理公司业务的能力？是否能帮助公司实现更高效的运营？	
品牌影响力	它们是否具有一定的品牌影响力？这种影响力如何帮助提升公司的品牌形象？	
创新能力	它们是否具备创新能力？能否帮助公司开发新产品或优化现有产品？	
风险承担	它们是否愿意承担一定的风险？是否能在公司面临困难时提供支持？	
公司文化契合度	它们是否与公司的价值观、公司文化相契合？能否帮助公司实现长期发展？	

可以根据实际情况对每项评估项目打分，最高为10分。然后，将所有评分相加，以评估这个有关系的人的综合价值。这有助于在分配股份时作出更明智、公平的决策。

2.明确角色

在让有关系的伙伴成为合伙人之前，需要与它们达成一致，明确它们在公司中的角色和职责。这有助于确保双方在合作中的期望是一致的。

3.合理分配股权

根据这个有关系的合作伙伴的实际贡献和价值，合理分配股权。可参考之前的标准，将它们的资金投入、技能、经验等因素纳入考虑。

4.签订合伙协议

在确定股权分配后，与这个有关系的合作伙伴签订合伙协议。合伙协议应详细说明双方的权利、义务和责任，以及股权分配、利润分配、退出条款等相关事项。

5.保护其他合伙人利益

在分配股权时，确保不会损害其他合伙人的利益。尽量让股权分配公平合理，以维护公司内部的和谐和稳定。

6.预防利益冲突

在分配股权的过程中，要尽量避免利益冲突，不要因为私人关系而影响公正的股权分配。

通过遵循以上步骤，便可以让有关系的伙伴按照之前的标准成为合伙人，并合理地分配股份。

某人能提供50万元资金，公司目前估值2000万元，综合价值评分8.6分，那应为其分配多少股份合适呢？

第一步，计算资金投入占公司估值的比例。

资金投入比例 = 资金投入 ÷（公司估值）

资金投入比例 =（50 ÷ 2000）× 100%=2.5%

故其资金投入比例为2.5%。

第二步，根据综合价值评分，为这个合作伙伴分配额外的股份。

评分8.6分（最高为10分）表明这个合作伙伴对公司具有较高的价值，可以根据评分为其分配额外的股份。具体的分配比例可以根据公司的实际需求和考虑其他合伙人的利益进行调整。

假设公司决定根据关系评分为其分配额外的1.6%股份。这里大家肯定会问1.6%怎么来的？如何将综合价值评分与额外股份分配的比例联系起来？

（1）设定一个基准分数，例如7分，作为提供额外股份分配的“门槛”。只有高于这个分数的，才可以获得额外股份。

（2）设定一个最大额外股份分配比例，例如3%。这是综合价值评分为满分（10分）的合作伙伴所能获得的最大额外股份。

为了将综合价值评分与额外股份比例联系起来，可以使用以下公式：

额外股份比例=（综合价值评分－基准分数）÷（满分－基准分数）×最大额外股份分配比例

故其额外股份比例=（8.6－7）÷（10－7）×3%=1.6÷3×3%≈1.6%

第三步：计算总股份。

总股份=资金投入比例+额外股份

=2.5%+1.6%=4.1%

综上所述，在此示例中，为这个合作伙伴分配4.1%的股份是合适的。

需要注意的是，这只是一个示例方法，具体的算法和参数可以根据公司的实际情况与其他合伙人的意愿进行调整。在作出决定之前，应确保与所有利益相关方进行了充分沟通。

第三章　合伙人主体架构

一、自然人直接架构

在股权设计中，自然人直接架构通常是指股权结构中直接涉及自然人的构架，而非通过公司等法人实体进行股权持有。

例如，一家公司的股权结构中有两个股东：一个是自然人A，另一个是公司B。那么A是直接持有该公司的股权，而B则是通过其作为一个法人实体来持有该公司的股权。在这种情况下，自然人A持有的股份是属于自然人直接架构的一部分。

在股权设计中，自然人直接架构通常被认为是一种比较透明和直接的股权结构。因为它可以减少股权转移和投资中的复杂性，并提高投资人的控制和决策能力。

自然人持股架构是最常见的初创持股架构。例如，几个合伙人决定开一家公司，先分配好股份，再登记注册。但是，由于对自然人持股架构理解得不够透彻，往往在创业初期就给公司和团队埋下了后期分崩离析的隐患。

（一）自然人直接架构的优势

在公司的初创阶段，自然人直接持股的股权架构通常是一种适宜的选择。对于初创公司而言，尤其是没有外部投资人和个人公司，这种股权架构具有许多优势。

第一，自然人直接持股可以提供一个简单、灵活和经济的公司所有权结构。在公司的初创阶段，股权结构并不稳定，商业模式也还没有完全打磨成熟，因此，设计过于复杂的股权结构可能会带来更多的风险和不稳定性。自然人直接持股能够为初创公司提供更为简单、灵活的股权架构，让公司在商业模式逐渐成熟之前，能够更加专注于核心业务。

第二，自然人直接持股还能够提高公司的决策效率和灵活性。在公司的初创阶段，自然人直接持股可以让公司的股东更加直接地参与到公司的决策和运营中来，从而可以更快地作出决策并迅速响应市场变化。这种灵活性和快速反应能力对于初创公司尤为重要。

第三，自然人直接持股还可以保证公司愿景和价值观的实现。在公司的初创阶段，创始人通常会将公司的愿景和价值观融入公司的股权架构中。自然人直接持股可以让创始人更加直接地控制公司的决策和运营，从而可以更好地保证公司的愿景和价值观的实现。

（二）自然人直接架构的缺点

然而，自然人直接持股的股权架构也存在一些缺点。

第一，自然人直接持股意味着自然人直接承担公司的全部责任和风险，包括债务和诉讼等。

第二，自然人直接持股可能限制了公司的融资能力。因为所有权集中在少数自然人手中，所以这些自然人可能没有足够的资金或愿意将资金投入到公司中。

第三，如果公司股东去世或不再能够行使股权，那么这些股权将遗留给股东的继承人或受托人。这可能导致公司所有权和控制权的变化，从而影响公司的运营。

接下来我们就看一个反例（见图3-1）。

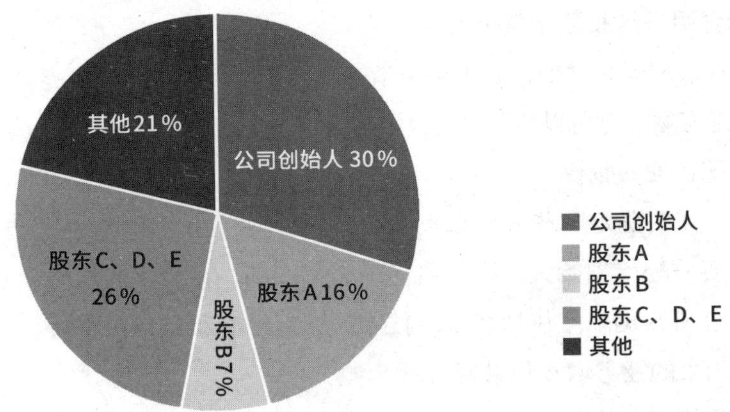

图3－1　某高新材料公司的股权架构

在这个案例中，股权过于分散是公司发展中可能面临的一项重要问题。当股权分散到过多的股东手中，特别是在没有明确共识或愿景的情况下，创始人很容易失去对公司的控制权。这可能导致决策难以迅速达成，影响公司的敏捷性和执行效率。

此外，股权分散也可能导致公司核心价值观和战略目标的松散。缺乏集中的领导和共同的愿景，不同股东可能会有不同的利益诉求，导致公司在战略方向上的分歧，进而影响整体的发展战略。核心团队可能难以凝聚一致的努力，造成内部协调困难，甚至可能使公司失去市场竞争力。

因此，公司在发展初期就需要考虑如何维持相对集中的股权结构，以保持创始人的控制权和公司的整体稳定性。这可以通过智能的股权分配、明确的治理结构和有效的内部沟通机制来实现，从而确保公司能够更加高效、聚焦地实现长期的战略目标。

以上案例的股权架构，为日后的股权纠纷埋下了隐患。果然，几年后由创始人发起的重组计划流产。

（三）初创公司架构股权的要点

那么，初创公司该如何合理地架构自己的股权呢？

1.制订明确的业务计划和策略

在设计股权架构之前，必须有清晰的业务计划和策略，以便能够评估不同的股权分配方案。这可以帮助确定公司的预期成长速度、资本需求和风险等级。

2.分配合理的股权

首先，需要确定哪些人应该拥有公司的股权。在通常情况下，初创公司的股权主要分配给创始人、投资者、员工和顾问。在分配股权时，必须考虑每个人对公司的贡献，包括资金、技术、管理经验和市场渠道等。同时，还需要考虑未来的业务增长和融资需求。

3.考虑投资者的利益

如果公司计划寻求外部投资，那么股权架构的设计将需要考虑投资者的利益。投资者通常会要求获得一定的股权和控制权，以确保他们的投资得到保障。在设计股权架构时，必须考虑到这些因素，以吸引投资者并确保获得资金。

4.确定股权分配的方式

初创公司可以采用多种方式分配股权，例如股票期权、普通股、优先股、可转换债券等。每种方式都有其优缺点和税务影响。因此，需要确定最适合公司和投资者的股权分配方式。

5.制定清晰的股东协议

股权架构的设计需要制定清晰的股东协议，以确保所有股东的权利和义务得到保障。协议中应包括公司治理结构、股权转让规则、退出机制、股息分配等细节。这可以帮助避免未来的纠纷和法律风险。

（四）股权架构中的持股比例

有一种说法：一般来说，如果是一家由三个人组成的公司，股权分配有以下三种典型方式。

（1）持股比例为70%：20%：10%。这种属于绝对控股模型。创始人拥有2/3以上股权，在公司有重大发展战略时拥有很大的表决权。绝对控股股东是引领一家公司发展方向的旗帜和标杆，对公司的发展和转型有着不可推卸的重大责任。

(2) 持股比例为60%:30%:10%。这种属于相对控股模型。创始人拥有1/2以上的股权。

(3) 持股比例为51%:25%:24%。这种属于安全控股模型。创始人拥有1/3以上的股权。

那么,问题来了:以上三种说法是正确的吗?现在以第一种分配方式为例考虑两个问题。

问题1:为什么该比例是70%而不是65%?

问题2:就算数字可以接受,为什么这个人该拿20%,那个人该拿10%?

所以,问题不是出在数字上,而是出在股份分割的时机以及授予股份的标准制定上。

下面我们来看一个自然人架构顶层设计的咨询案案例。

这是一家名为"智能家居科技有限公司"的公司,专注于研发和销售智能家居产品与服务。

以下是三个合伙人的信息:

A先生,年龄40岁,是一位有着10年智能家居行业经验的资深工程师,负责公司的技术研发和产品设计。

B女士,年龄35岁,是一位市场营销专家,曾在多家知名科技公司担任高管职务,负责公司的市场推广和销售渠道建设。

C先生,年龄30岁,是一位风险投资从业者,曾经投资过多家创业公司,负责公司的财务和资本运作。

设计方案如下:

(1)公司注册资本为100万元,分成1000000份股权,每份股权的面值为1元。

(2)A先生作为公司的技术研发和产品设计负责人,持有最大的股权比例,40%,即400000份股权。

(3)B女士作为市场推广和销售渠道建设的专家,持有第二大的股权比例,35%,即350000份股权。

（4）C先生作为财务和资本运作负责人，持有较小的股权比例，20%，即200000份股权。

（5）建议将剩余的5%股权保留作为股权激励或用于未来的股权融资。

故该公司的股权分配如图3－2所示。

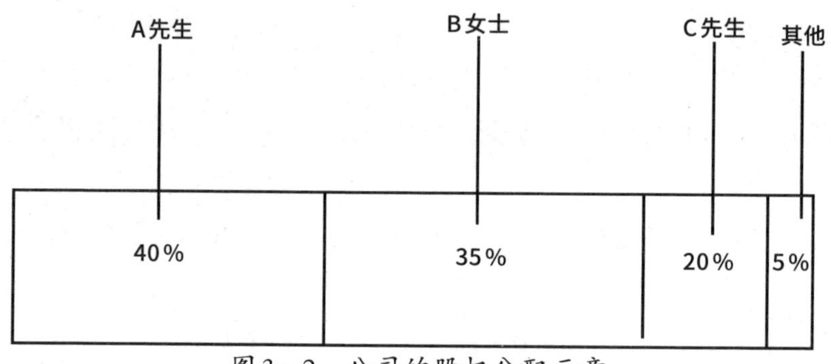

图3－2　公司的股权分配示意

（6）设立股权转让和退出机制，包括合伙人之间的优先购买权、转让价格和股权转让的限制等。例如，合伙人之间有优先购买权，股权转让价格应该按市场价值或协议价值来确定。

（7）建议采用股票期权激励计划来激励公司的员工，以吸引和留住人才。例如，每年设立一定比例的股票期权，分配给优秀员工。

（8）设立股东会议和董事会，明确公司治理结构和决策流程，以确保公司的稳定发展。每年至少召开一次股东会议和董事会会议，明确公司的战略和业务计划，监督公司的经营状况。

如果公司还没有注册成立，那么第一步应该是注册公司并办理营业执照等相关手续。在注册公司时，需要确定公司的名称、注册资本、股东信息等。注册完成后，还需要签订公司章程、股东协议等文件，明确公司治理结构、股权分配、股权转让和退出机制等规定。

如果公司已经注册成立，那么需要修改公司章程和股东协议等文件，以反映新的股权结构和管理机制。

以下是整个过程需要用到的文件。

(1)公司合伙协议：明确三位合伙人在公司中的角色和职责，以及股权比例、股东权益、股权转让和退出机制等细节。

(2)股权转让协议：规定股东之间的优先购买权、股权转让价格、限制和手续等细节，以确保股权转让的合法性和顺利进行。

(3)股票期权计划协议：规定股票期权的授予标准、授予比例、期限、行权价格等细节，以吸引和激励公司的员工。

(4)股东会议章程：规定股东会议的召开方式、程序、表决方式和决策程序等细节，以确保公司治理的透明度和公正性。

(5)董事会章程：规定董事会的组成、职权、召开方式、决策程序等细节，以确保公司的战略方向和业务计划的制订与实施。

(6)股东权益保护协议：规定公司和股东之间的权益和责任，以及对股东的保护和限制措施等细节，以确保公司和股东的利益一致。

(7)员工保密协议：规定公司的商业机密和保密措施，以保护公司的核心技术和商业机密不受泄露与侵犯。

(8)雇佣协议：规定公司和员工之间的雇佣关系和工作内容，以保证公司的正常运营和员工权益。

(9)服务协议：规定公司和客户之间的服务内容和责任，以保证公司的业务顺利开展和客户权益。

(10)投资协议：规定投资方和公司之间的投资合作关系和条件，以确保公司的资金来源和投资方的权益。

(11)授权协议：规定授权方和公司之间的授权关系和条件，以确保公司的技术和知识产权的合法性和权益。

(12)知识产权协议：规定公司的知识产权和保护措施，以确保公司的核心技术和知识产权的合法性和权益。

除了上述列举的文件，根据公司的具体情况，可能还需要签订一些具体事项的协议，比如：

(1)创始人协议：明确创始人之间的权利、义务和责任，规定股权分配和转让、公司管理和决策机制等内容。

（2）技术开发协议：规定技术研发和产品设计过程中的保密、知识产权等事项，确保公司的技术成果和商业机密不受侵犯。

（3）市场营销合同：约定市场推广和销售渠道建设的任务和责任，以及对于市场推广效果的衡量标准和奖励机制等内容。

（4）资本运作协议：规定融资的方式、金额、利率等细节，以及投资方和公司之间的权利和义务，保障公司在融资过程中的利益。

在以上这个案例中，有一个非常值得思考的问题。为什么设计成A先生和B女士都有一票否决权，而C先生作为出资方却没有一票否决权？

要回答这个问题，首先我们先要明确股权设计中的九条生命线。

1.第一条生命线：绝对控制线——67%

【释义】公司的一些重大事项，如公司的股本变化，关于公司的增减资，修改公司章程以及分立、合并、变更主营项目等重大决策，需要2/3以上表决权支持。

【法律依据】《中华人民共和国公司法》。

第四十三条："……股东会会议作出修改公司章程、增加或者减少注册资本的决议，以及公司合并、分立、解散或者变更公司形式的决议，必须经代表三分之二以上表决权的股东通过。"

第一百零三条："……股东大会作出决议，必须经出席会议的股东所持表决权过半数通过。但是，股东大会作出修改公司章程、增加或者减少注册资本的决议，以及公司合并、分立、解散或者变更公司形式的决议，必须经出席会议的股东所持表决权的三分之二以上通过。"

【注意事项】

（1）绝对控制线的概念既适用于有限责任公司的股东会，也适用于股份有限公司的股东大会。二者相比较而言，股东大会要求的是出席会议的2/3以上表决权通过，并不要求股份有限公司的股东一定要占比2/3以上。

（2）"2/3"含本数，也就是说，绝对控制线为67%并不确切，2/3以上也可以是66.7%、66.67%等。

(3)《中华人民共和国公司法》第四十二条规定："股东会会议由股东按照出资比例行使表决权；但是，公司章程另有规定的除外。"即公司章程可以约定股东会是否按照出资比例行使表决权。如果约定不是按出资比例行使表决权，则持股67%所代表的绝对控制权也就失去了相应的意义。

2.第二条生命线：相对控制线——51%

【释义】公司一些简单事项的决策，如聘请独立董事，选举董事、董事长，聘请审议机构，聘请会计师事务所，聘请/解聘总经理等，必须经出席会议的股东所持表决权过半数通过。

【法律依据】《中华人民共和国公司法》。

第一百零三条："……股东大会作出决议，必须经出席会议的股东所持表决权过半数通过。"

【注意事项】

(1)公司法仅有股份有限公司中的过半数表决条款。换言之，对于有限责任公司而言，公司法并未明确规定股东会普通决议的程序，而是让股东们自行通过公司章程确定。

(2)有限责任公司在自由约定时务必把握好"过半数"与"半数以上""二分之一以上"的区别。"过半数"不包含50%，而后两者包含50%。公司章程中必须避免出现"半数以上""二分之一以上"的约定，否则可能造成股东会决议矛盾。

(3)同时，自由约定时还需明确说明的是"股东人数过半数"还是"股东所持表决权过半数"，两种表达所代表的不同局面在此无须过多解释。

3.第三条生命线：安全控制线——34%

【释义】当股东持股比例在1/3以上，而且没有其他股东的股份与他冲突时，叫否决性控股，对于公司的决策具有一票否决权。

【法律依据】《中华人民共和国公司法》。

【注意事项】

(1)与绝对控制线相对，2/3以上表决权可以通过关乎公司生死存亡的重大决策。如果其中一个股东持有超过1/3的股权，另一方就无法实现2/3以上表决权，那么那些关乎公司生死存亡的重大决策就无法通过，这样就相当于控制了公司的“生命线”。

（2）但是，所谓“一票否决”只是相对于关乎公司生死存亡的事宜，对其他仅需半数以上通过的事宜，无法否决。

（3）与绝对控制线同理，33.4%、33.34%等均可作为安全控制线。

4.第四条生命线：上市公司要约收购线——30%

【释义】当任何个人或实体通过证券交易所购买上市公司的股份，累计持股比例达到5%时，必须向中国证券监督管理委员会（简称证监会）和证券交易所报告，并对外公告。但当其累计持股比例达到或超过30%时，其就必须发起公开要约收购，即对所有股东提出收购邀请。这个“30%”就是通常所说的要约收购线。

【法律依据】《中华人民共和国证券法》。

第六十五条：“通过证券交易所的证券交易，投资者持有或者通过协议、其他安排与他人共同持有一个上市公司已发行的有表决权股份达到百分之三十时，继续进行收购的，应当依法向该上市公司所有股东发出收购上市公司全部或者部分股份的要约。”

【注意事项】

（1）发起要约收购：当持股比例达到或超过30%时，收购方必须发起公开要约收购，否则不得继续购买该上市公司的股份。

（2）报告与公告：收购方必须在达到这一阈值后的3个工作日内，向证监会提交报告，并对外公告其持股比例、收购的目的等信息。

（3）收购价格：要约收购的价格不得低于最近60个交易日内该股票的平均交易价格或者其他由证监会规定的价格。

（4）收购期限：公开要约收购应当于公告之日起不少于30日、不多于60日内完成。

（5）非公开要约收购：当收购方与上市公司特定股东达成收购协议，使其持股比例累计达到或超过30%但不发起公开要约收购时，也要遵循一定的规则和限制。

(6) 退出机制：对于不愿接受收购的小股东，收购方应当提供一定的退出机制，以保障其权益。

(7) 设置规定的目的：保护中小股东的权益，避免大股东随意增持股份而对其他股东造成不利影响。

5.第五条生命线：重大同业竞争警示线——20%

【法律依据】

在《中华人民共和国证券法》及相关法规中，同业竞争是对上市公司的治理、信息披露等方面有着重要影响的一个问题。而"上市公司重大同业竞争警示线——20%"这一标准，其实是反映了监管机构对于上市公司与其关联方或实际控制人进行同业竞争的关注度和警觉性。

简单来说，这个"20%"的标准是这样规定的：如果上市公司的实际控制人或者关联方与上市公司存在同业竞争，并且这种竞争业务的收入达到了上市公司主营业务收入的20%或以上，那么这种同业竞争就达到了重大的程度，上市公司需要对此进行相关的信息披露，并可能需要采取措施避免或消除同业竞争。

【注意事项】

这种规定的主要目的有以下几点。

(1) 保护上市公司的利益：确保上市公司的主营业务不会被实际控制人或关联方进行不公平的竞争，从而损害上市公司的利益。

(2) 保护投资者利益：通过信息披露，让投资者了解上市公司是否存在重大的同业竞争风险，从而作出更明智的投资决策。

(3) 促进市场公平竞争：避免上市公司与其关联方之间存在不公平的竞争行为，保持市场的公平性。

当然，这个"20%"只是一个警示线，不是一个绝对的禁止标准。如果上市公司存在重大同业竞争，那么上市公司需要按照相关规定进行信息披露，并根据具体情况考虑采取相应的措施，如重组、剥离等，来消除或减少同业竞争的影响。

6.第六条生命线：临时会议权——10%

【释义】当股东持股超过10%时，可提出召开关于质询、调查、起诉、清算、解散公司的临时会议。

【法律依据】(1)《中华人民共和国公司法》。

第三十九条："……定期会议应当依照公司章程的规定按时召开。代表十分之一以上表决权的股东，三分之一以上的董事，监事会或者不设监事会的公司的监事提议召开临时会议的，应当召开临时会议。"

第四十条："……董事会或者执行董事不能履行或者不履行召集股东会会议职责的，由监事会或者不设监事会的公司的监事召集和主持；监事会或者监事不召集和主持的，代表十分之一以上表决权的股东可以自行召集和主持。"

第一百条："股东大会应当每年召开一次年会。有下列情形之一的，应当在两个月内召开临时股东大会：……(三)单独或者合计持有公司百分之十以上股份的股东请求时……"

第一百一十条："……代表十分之一以上表决权的股东、三分之一以上董事或者监事会，可以提议召开董事会临时会议。"

(2)《最高人民法院关于适用〈中华人民共和国公司法〉若干问题的规定(二)》。

第一条："单独或者合计持有公司全部股东表决权百分之十以上的股东，以下列事由之一提起解散公司诉讼，并符合公司法第一百八十三条规定的，人民法院应予受理……"

【注意事项】

(1)《中华人民共和国公司法》第三十九条、第四十条适用于有限责任公司，代表10%以上表决权的股东可以提议召开股东会临时会议，在董事和监事均不履行召集股东会职责之时可以自行召集和主持。同理，如果有限责任公司未约定按出资比例行使表决权，10%的临时会议权限根本没有意义。

(2)《中华人民共和国公司法》第一百条、第一百一十条适用于股份有限公司，正因为股份公司特别的性质，10%的临时会议权限带有强制性。也就是说，持有10%以上股份的股东可以请求召开临时股东大会，提议召开董事会临时会议。

(3)《最高人民法院关于适用〈中华人民共和国公司法〉若干问题的规定(二)》第一条规定适用于所有类型的公司，即在公司僵局的情况下10%以上表决权股东的诉讼解散权。

7.第七条生命线：重大股权变动警示线——5%

【释义】我国证券法规定，当股东持股比例达到5%及以上时，需披露权益变动书。

【法律依据】《中华人民共和国证券法》。

第六十三条："通过证券交易所的证券交易，投资者持有或者通过协议、其他安排与他人共同持有一个上市公司已发行的有表决权股份达到百分之五时，应当在该事实发生之日起三日内，向国务院证券监督管理机构、证券交易所作出书面报告，通知该上市公司，并予公告，在上述期限内不得再行买卖该上市公司的股票，但国务院证券监督管理机构规定的情形除外。

"投资者持有或者通过协议、其他安排与他人共同持有一个上市公司已发行的有表决权股份达到百分之五后，其所持该上市公司已发行的有表决权股份比例每增加或者减少百分之五，应当依照前款规定进行报告和公告，在该事实发生之日起至公告后三日内，不得再行买卖该上市公司的股票，但国务院证券监督管理机构规定的情形除外。"

第八十条："发生可能对上市公司、股票在国务院批准的其他全国性证券交易场所交易的公司的股票交易价格产生较大影响的重大事件，投资者尚未得知时，公司应当立即将有关该重大事件的情况向国务院证券监督管理机构和证券交易场所报送临时报告，并予公告，说明事件的起因、目前的状态和可能产生的法律后果。"

【注意事项】本条线仅适用于上市公司。从规则角度来看，股东持股比例低于5%至少有两个好处，一是没有锁定期的约束，二是不需抛头露面，减持也不用披露。

8.第八条生命线：临时提案权——3%

【释义】单独或者合计持有公司3%以上股份的股东，可以在股东大会召开10日前提出临时提案并书面提交召集人。

【法律依据】《中华人民共和国公司法》。

第一百零二条："…… 单独或者合计持有公司百分之三以上股份的股东，可以在股东大会召开十日前提出临时提案并书面提交董事会；董事会应当在收到提案后二日内通知其他股东，并将该临时提案提交股东大会审议。临时提案的内容应当属于股东大会职权范围，并有明确议题和具体决议事项。"

【注意事项】本条线仅适用于股份有限公司，有限责任公司由于其具备的人合性，没有此类繁杂的程序性规定。

9.第九条生命线：代位诉讼权——1%

【释义】代位诉讼权亦称派生诉讼权、间接诉讼权，是指当公司的合法权益受到不法侵害，公司却怠于起诉时，为了保护公司的整体利益，公司的股东以自己的名义代表公司提起诉讼的权利。

【法律依据】《中华人民共和国公司法》。

第一百五十一条："董事、高级管理人员有本法第一百四十九条规定的情形的，有限责任公司的股东、股份有限公司连续一百八十日以上单独或者合计持有公司百分之一以上股份的股东，可以书面请求监事会或者不设监事会的有限责任公司的监事向人民法院提起诉讼；监事有本法第一百四十九条规定的情形的，前述股东可以书面请求董事会或者不设董事会的有限责任公司的执行董事向人民法院提起诉讼。

"监事会、不设监事会的有限责任公司的监事，或者董事会、执行董事收到前款规定的股东书面请求后拒绝提起诉讼，或者自收到请求之日起三十日内未提起诉讼，或者情况紧急、不立即提起诉讼将会使公司利益受到难以弥补的损害的，前款规定的股东有权为了公司的利益以自己的名义直接向人民法院提起诉讼。"

【注意事项】

（1）本条线适用于股份有限公司的股东，同时还必须满足持股180日这一条件。有限责任公司没有持股时间和持股比例的限制。

（2）代位诉讼权发生的前提，通俗来讲，要么是董事和高管违法违章损害公司利益，要么是监事违法违章损害公司利益。如果都有问题，股东则可以直接以自己的名义“代公司的位”直接向法院提起诉讼。

通过以上分析我们可以明白，51%：25%：24%属于安全控股模型，创始人拥有1/3以上的股权的说法是错误的。

现在我们来回答案例中的问题：为什么设计成A先生和B女士都有一票否决权，而C先生作为出资方却没有一票否决权？

从案例可知，三人在公司成立时，根据各自的专业背景和投入的资金与资源进行了股权分配。A先生和B女士对公司的发展有着更大的影响与掌控力，因此在公司治理结构中赋予了他们更大的权力，以便更好地推动公司的发展和增加股东的利益。

在实践中，公司治理结构的设计还要考虑到股东之间的信任和合作关系。在这种情况下，如果A先生和B女士都有一票否决权，可以避免因少数股东的决策而导致的公司发展方向出现分歧和冲突，同时也能更好地保护所有股东的利益。C先生作为财务和资本运作负责人，虽然在公司治理中的权力较小，但仍然可以通过其专业领域的知识和经验为公司的发展作出贡献。

A先生和B女士是公司的核心人物。他们分别拥有技术和市场领域的专业知识与经验，并为公司作出了巨大的贡献。因此，为了保护公司的核心利益，他们被授予了一票否决权，以确保公司的决策不会被其他股东单方面操纵。

C先生的职责是负责公司的财务和资本运作，虽然他的角色同样重要，但是没有A先生和B女士那么核心，而且他的职责范围可能不会直接影响公司的技术和市场决策。因此，他没有被授予一票否决权。

这种设计也可以看作一种平衡和分工，让每个人都能发挥自己的专业能力和职责，并在公司的决策中扮演不同的角色。

公司治理结构是公司发展中至关重要的一环。它决定了公司的决策过程和管理方式，对公司的长远发展起着至关重要的作用。在股份分割和授予标准的制定上，必须充分考虑到各股东的投入和贡献，平衡各方利益，确保公司决策的科学性和公正性。

通过上述例子中的安全控股模型，我们可以看到，公司的核心人物往往会被授予更大的权力和股份，以保障公司的长期利益。在公司治理结构的设定中，也需要考虑到股东之间的信任和合作关系，以避免因不同利益方向的分歧而影响公司的发展方向。

同时，不同的股东拥有不同的专业能力和职责，应该根据其所承担的角色和职责，来制定相应的股份分割方案和授予标准，以便让每个人都能发挥自己的专业能力和职责。

在公司治理结构的制定和实践中，要充分考虑到各方利益和平衡，不断优化公司治理结构，提高公司的决策效率和管理水平，以实现公司的长远发展目标。

二、有限合伙架构

（一）有限合伙架构的概念

有限合伙架构是指由一名或多名有限合伙人组成的合伙公司。有限合伙人以其出资额为限对合伙公司债务承担责任，不参与公司经营和管理；而普通合伙人则需要承担无限责任。

（二）有限合伙架构的优势与劣势

有限合伙架构的优势有以下三个方面。

（1）风险分散。有限合伙架构能够实现投资和管理权的分离，使得投资者的风险得到有效分散。普通合伙人承担全部公司债务，而有限合伙人的责任仅限于其所出资额度，从而有效降低了投资者的风险。

（2）税收优惠。有限合伙架构可以享受到税收优惠的政策，有利于减轻公司的财务负担，提高公司的盈利能力。在我国，有限合伙公司可以享受到企业所得税优惠、房产税减免、印花税减免等优惠政策。

(3) 有限责任。有限合伙架构中，有限合伙人的责任仅限于其所出资额度，不会因公司的债务承担过多的责任，从而降低了投资者的风险和压力。

有限合伙架构的劣势有以下三个方面。

(1) 该架构较为复杂，需要投入大量的时间和资源来设计与运营。

(2) 有限合伙架构中的合伙人权益和责任分配需要严格规划与管理，否则可能导致合伙人之间的纠纷和冲突。

(3) 由于有限合伙架构在我国国内的应用尚不广泛，可能会遇到与政策和法律不同步的情况。

(三) 有限合伙架构顶层设计

接下来我们来看一个初创科技公司有限合伙架构的案例。

该初创科技公司是一家软件开发有限责任公司，专注于为客户公司提供定制化的软件开发解决方案。图3－3所示为其有限合伙架构的顶层设计。

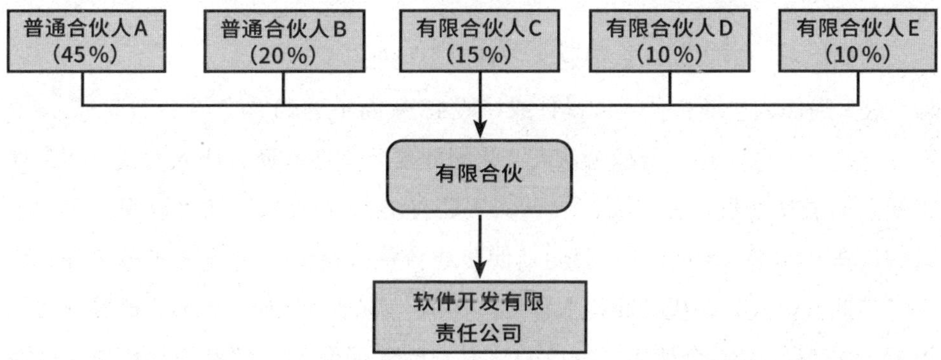

图3－3　初创科技公司的有限合伙架构的顶层设计

普通合伙人A（股权比例为45%）：拥有公司的管理权和日常运营决策权，负责产品研发和技术团队的组建，承担所有的负债责任和法律责任。

普通合伙人B（股权比例为20%）：负责市场推广、销售和客户关系管理，与客户进行沟通协调，并承担所有的负债责任和法律责任。

有限合伙人C（股权比例为15%）：为公司注入资金，但不参与公司的日常运营和管理，只享受公司利润的分红，承担的责任仅限于其在公司中所投入的资金。

有限合伙人D（股权比例为10%）：为公司注入资金，但不参与公司的日常运营和管理，只享受公司利润的分红，承担的责任仅限于其在公司中所投入的资金。

有限合伙人E（股权比例为10%）：为公司注入资金，但不参与公司的日常运营和管理，只享受公司利润的分红，承担的责任仅限于其在公司中所投入的资金。

在这个架构中，普通合伙人A拥有最大的股权比例，因为他是公司的创始人，负责公司的日常管理和决策。普通合伙人B拥有第二大的股权比例，因为他负责市场推广和客户关系管理，对于公司的发展也非常关键。而有限合伙人C、D和E则相对于其他合伙人而言股权比例较小，但他们可以为公司注入重要的资金资源，同时不必承担过多的责任和风险。

我们思考一下，为什么要这么设计股权比例？

(1) 为什么普通合伙人A设计成持股45%而不是51%？

其中一个原因是，普通合伙人A认为他需要其他普通合伙人的支持和合作来使公司成功发展。如果普通合伙人A拥有51%的股权，他可以完全控制公司的决策和运营，但这可能会使其他普通合伙人感到被排除在决策之外，降低了其他合伙人的积极性和投入程度。因此，通过将普通合伙人A的股权比例设置为45%，普通合伙人A可以表达对其他普通合伙人的信任和尊重，并激励他们为公司的成功作出更多的贡献。

另一个原因是，普通合伙人A与其他合伙人之间的合作协议和协议条款可以影响股权分配。例如，如果合作协议规定，普通合伙人B有权在某些重要决策上投下关键的一票，那么普通合伙人A可能会考虑将其股权比例设置在45%，以便普通合伙人B可以在某些关键决策上发挥更大的作用。在这种情

况下，股权比例的分配可能是根据其他协议条款和要求，而不是单纯地根据股权投票权来决定的。

（2）为什么普通合伙人B的持股比例未超1/3也拥有一票否决权？

当公司涉及多个合伙人时，通常会有一个详细的合作协议来规定每个合伙人的权利和义务，以及公司的治理结构和决策程序。在这种情况下，股权比例的分配并不是唯一的决定因素。

例如，在本案例中，合作协议可以规定普通合伙人B拥有一些特殊的权力，如在特定的决策上拥有否决权、行使关键投票权等。如果这些权力很重要且对公司的成功至关重要，那么普通合伙人A可能会考虑将其股权比例设置在45%，以便给普通合伙人B这样的普通合伙人更多的权力和影响力。

（3）有限合伙人C、D和E出了钱，为什么反而占的股份较少？他们会不会有意见？这样做的科学依据在哪儿？

合作协议可以规定不同合伙人的投入价值或贡献价值，以便将股权分配与贡献价值相匹配。例如，合作协议规定，有限合伙人C、D和E的财务投资比普通合伙人A、普通合伙人B的劳动投入更有价值，因此他们的股权比例相对较小，但他们仍然能够分享公司利润，并在不承担更多的责任和风险的情况下投资。

更重要的是，在本案例中，虽然有限合伙人C、D和E相对于普通合伙人A、普通合伙人B而言拥有较小的股权比例，但他们在公司中的地位和作用并不一定较低或较小。这是因为有限合伙人C、D和E在公司中的作用主要是为公司注入资金，而不是参与日常管理和决策。

在一些公司中，投资者和创始人对于股权分配往往会产生一些意见与分歧。例如，投资者可能会认为，他们的投资价值应该得到更高的股权比例；而创始人可能会认为，他们的劳动投入和创业风险才应该得到更高的股权比例。这可能会导致股权分配方案的讨论和重新协商，以寻求双方都能接受的平衡点。

然而，在本案例中，有限合伙人C、D和E并没有参与公司的日常管理和决策，他们的股权比例主要是对于他们投资金额的反映，因此他们可能并不会对公司的经营产生太多的影响和意见。此外，由于合伙协议中规定了不同股东之间的权利和义务，因此不同股东之间可能会有不同的利益、权力和责任分配，这也有助于缓解可能存在的分歧和争议。

具体而言，合伙公司的创始人应该考虑以下几个方面问题。

(1) 股权比例和投票权：股东的权利和义务应该与他们持有的股权比例相对应，包括在公司事务上的投票权。在合伙协议中，应该规定不同股东持有的股权比例和相应的投票权，以确保他们的利益得到充分保障。

(2) 日常管理和决策：合伙公司的管理和决策应该由普通合伙人来负责，因为他们承担了更多的风险和责任。在合伙协议中，应该规定普通合伙人的管理职责和决策权，并明确其他股东的角色和职责，以确保公司的管理和决策高效有序。

(3) 分红和分配：合伙公司的盈利应该按照股东持有的股权比例来分配，但有时可能需要考虑到股东的实际贡献和投入。在合伙协议中，应该规定分红和分配的方式和标准，以确保每个股东得到公平的待遇，并激励他们为公司作出更多的贡献。

(4) 权利和义务的转让：在合伙协议中，应该规定股东之间权利和义务的转让规则与程序，以确保公司的稳定性和可持续发展。

综上所述，作为合伙公司的创始人，应该在合伙协议中尽可能详细地规定每个股东的权利和义务，以确保公司的管理和运营高效有序，并最大限度地减少潜在的争议和冲突。

下面便是一个合伙协议的模板，可供读者参考。

合伙协议（模板）

本合伙协议旨在规定各股东间的权利和义务，以确保顺利经营和管理公司。本协议的生效日期为××××年××月××日，有效期为××年。

1.股东资格

1.1 公司创始人A和公司创始人B共同持有公司100%的股份。C、D、E公司愿意以××万元的价格购买公司20%的股份。双方意见达成一致，C、D、

E公司将持有公司20%的股份。

1.2 各股东应在××××年××月××日前按照协议规定支付出资款项，否则将视为自动放弃股份。

2.股东权利

2.1 各股东应有平等的股东权利，包括但不限于公司利润的分配权、决策权、监督权等。

2.2 公司的利润分配应按照各股东的股权比例进行分配，即公司创始人A和公司创始人B各占40%，C、D、E公司占20%。

2.3 公司重大事项的决策应由各股东共同商议决定，包括但不限于公司管理、战略规划、人事任免等。

2.4 各股东有权对公司的管理和经营进行监督，并可以要求公司提供财务和经营状况报告。

3.股东义务

3.1 各股东应积极参与公司的管理和经营活动，为公司的发展和利益不懈努力。

3.2 各股东应按照协议规定及时、足额地缴纳出资款项，并确保公司的正常运营。

3.3 各股东不得擅自转让股份，也不得以任何形式对外披露公司的商业机密。

4.股东退出

4.1 各股东如需退出公司，应提前××个月书面通知其他股东，并在协商一致后进行股份转让。

4.2 股份转让价格应按照市场价格或协议约定价格进行。

5.协议变更与终止

5.1 本协议的任何变更应经过各股东的书面同意，并依法办理相关手续。

5.2 本协议的有效期届满后，各股东如无特殊情况，应协商一致并签订新的协议。

5.3 本协议可因各种原因被提前终止，终止应经各股东协商一致，并依法办理相关手续。

每家公司的状况各异，制定合伙协议时应该考虑实际情况。例如，应该充分考虑公司的业务模式、股东的利益关系、未来的发展方向以及潜在的风险等因素。对于一家初创公司来说，应该更加注重风险控制和股东利益的平衡；对于一家已经成熟的公司来说，则应该更加注重未来的发展和利益最大化。因此，在制定合伙协议时，需要对公司的具体情况进行全面、准确的分析和评估，并与各方进行充分的协商和沟通，确保协议的公正、合理和可执行性。

另外，还可以思考一下：为什么在公司股权架构实践中经常会出现有限合伙公司作为有限责任公司法人？这个问题我们先进行一个思考，具体会在第五章“合伙人风险与合规化”中详细阐述。

三、控股公司架构

控股公司是一种公司架构，其本质是一家公司持有多个其他公司的股份，从而控制这些公司的经营活动。控股公司的股东通常是一个或一组实体。这些实体掌握了控股公司的大部分或全部股份。

如图3－4所示，控股公司的架构通常是由两个层次组成：第一层是控股公司本身，它持有其他公司的股份；第二层是这些子公司，它们实际上是控股公司的子公司。

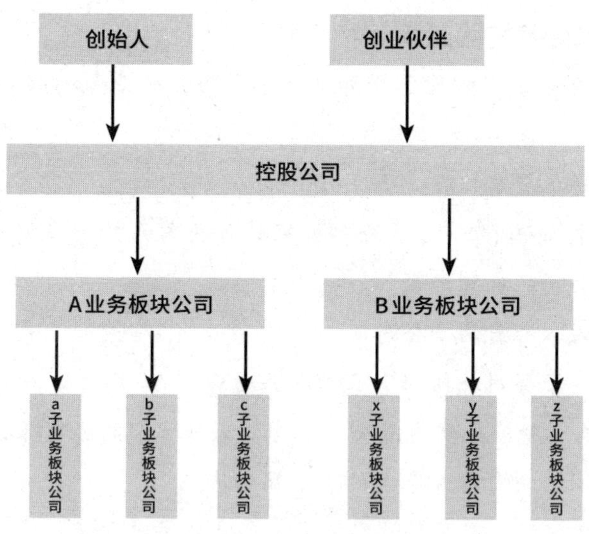

图3－4　控股公司架构示意

控股公司的优势包括以下几个方面。

（1）资本集中化：通过掌控多家公司的资产和资源，控股公司能够更有效地管理和利用这些资源。

（2）风险分散：由于控股公司持有多家子公司的股份，因此风险得到了分散。如果某家子公司出现问题，控股公司可以通过其他子公司的收入来缓解风险。

（3）管理控制：控股公司可以通过持有多数股份来控制子公司的经营活动，从而实现更好的管理控制。

（4）财务优势：控股公司可以通过在不同子公司之间进行资本调配来实现财务优势，从而提高整体效率。

总之，控股公司架构可以带来许多优势，但也需要注意潜在的风险和挑战，例如财务透明度和治理结构等问题。

下面通过三个案例来介绍相关实践情况。

（一）海尔智家控股公司架构实践

海尔智家是一家以智能家居和智能家电为主营业务的公司，其控股公司架构如下。

第一层，海尔智家控股有限公司。

海尔智家控股有限公司是海尔智家的母公司，持有多家子公司的股份，从而控制这些公司的经营活动。

第二层，海尔智家的子公司。

海尔智家的子公司包括但不限于以下几家。

（1）青岛海尔智家电器有限公司。青岛海尔智家电器有限公司是海尔智家最主要的子公司，负责智能家电的生产和销售。

（2）青岛海尔智能家居科技有限公司。青岛海尔智能家居科技有限公司是海尔智家的另一家重要子公司，负责智能家居产品的研发和生产。

（3）海尔智慧厨电股份有限公司。海尔智慧厨电股份有限公司是海尔智家在厨电领域的子公司，负责智能厨电的生产和销售。

根据海尔智家2019年年报，除了海尔智家控股有限公司持有的57.72%股份外，其他股东持有的股份比例为42.28%。其中，A股流通股份占比23.72%，B股流通股份占比0.23%，国家社保基金持有的A股流通股份占比2.93%，其他流通股份占比15.40%。

这些股东都是海尔智家的少数股东，相对于控股股东海尔智家控股有限公司的股份比例较小。

海尔智家的控股公司架构使得其能够更好地集中管理和利用公司内部的资产与资源，实现风险分散、管理控制和财务优势等优势。同时，海尔智家也需要注意潜在的风险和挑战，例如财务透明度和治理结构等问题，保持公司的健康发展。

（二）华为控股公司架构实践

1.华为的五个发展阶段和七次股权调整

华为作为全球通信领域的领军公司，在过去的几十年里，凭借卓越的技术创新和领先的市场策略，成功地从一个小型私营公司发展成为全球最大的通信设备制造商之一。在华为取得如此巨大成功的背后，其独特的股权架构设计发挥了关键作用。通过对华为五个发展阶段、七次股权调整的分析，我们可以深入了解公司发展各阶段的股权架构设计对公司发展的影响，为其他公司提供借鉴和启示。

· 华为的五个发展阶段概述

（1）初创阶段：1987—1997年。华为公司成立于1987年，由创始人任正非领导。在初创阶段，华为的股权结构较为简单，主要由创始人和核心团队持股。这一阶段，华为主要面向中国市场，通过模仿和引进国外先进技术，逐步在通信设备制造领域取得突破。

（2）成长阶段：1997—2008年。在成长阶段，华为实现了从国内市场向国际市场的拓展。公司开始积极参与国际竞争，通过技术创新和市场营销策略，在全球通信市场占据一席之地。在这个阶段，华为的股权结构也开始发生变化。为了激励员工和吸引人才，华为设立了员工持股计划，使员工成为公司股东。同时，公司也开始引入战略投资者，优化股权结构，实现资源整合，提高公司竞争力。

（3）成熟阶段：2008—2015年。在这一阶段，华为具有了较高的知名度和竞争力，成为全球通信设备制造业的领导者之一。在这一阶段，华为进一步优化股权结构，实现合理的权力分散，提高公司治理水平。为了满足公司发展需求，华为在这一阶段不断调整股权激励制度，吸引和留住顶尖人才。此外，公司还加强与战略投资者的合作，实现资源共享和市场拓展。

（4）转型阶段：2015—2018年。随着全球通信市场的变革，华为在转型期面临着巨大的挑战。为了应对市场变化，华为进行了一系列股权结构调整，以适应新的市场环境和发展战略。这一阶段，华为进一步调整员工持股计划，提高员工的股权激励，以激发员工的创新能力和积极性。同时，公司加大与战略投资者的合作力度，实现产业链整合，提高竞争优势。

（5）全球化阶段：2018年至今。在全球化阶段，华为进一步加强国际化战略，通过全球研发网络和市场布局，提升品牌影响力和市场份额。在这一阶段，华为的股权结构进一步优化，以适应跨国经营的复杂性和挑战。公司不断调整和完善员工持股计划，以保持员工的忠诚度和积极性。此外，华为还继续加强与战略投资者的合作，共同应对全球市场的变化和竞争压力。

· 华为七次股权调整概述

（1）第一次股权调整（1997年）。为了激励员工，华为于1994年进行了第一次股权调整。这次调整主要包括设立员工持股计划，使员工成为公司股东。这一举措有助于提高员工的工作积极性和忠诚度，为公司的快速发展奠定基础。调整后的股权比例如图3－5所示。

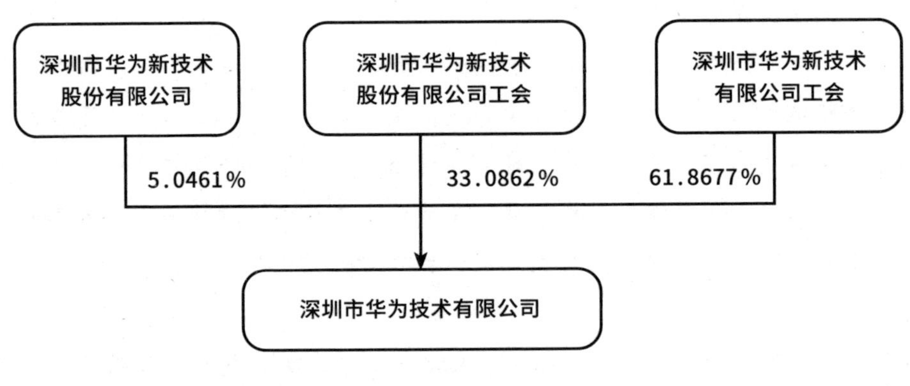

图3－5　调整后的股权比例

（2）第二次股权调整（2001年）。2001年，华为进行了第二次股权调整，以适应国际市场的竞争环境。这次调整包括引入战略投资者，优化股权结构，实现资源整合，提高公司竞争力。此外，华为还调整了员工持股计划，以进一步吸引和留住顶尖人才。

2001年7月，华为股东会通过了《华为技术有限公司虚拟股票期权计划暂行管理办法》。此次改革废除了华为运行11年之久的内部股制度，实施虚拟股票期权计划，类似当前虚拟股票加期权的组合。

在期权模式下，员工无须出资即可获得期权，所获得的期权分4年行权。行权时，员工可选择按照授权的价格购买虚拟股票，也可以选择直接按照行权当年的价格兑现差价。为了让员工与公司共渡难关，这一年的期权增发比例达到20%。在互联网泡沫之际，华为通过加大股权激励力度来留住员工。

（3）第三次股权调整（2004年）。2004年，华为针对公司发展需求进行了第三次股权调整。这次调整主要包括修改员工持股计划条款，进一步激励员工创新和投入。同时，华为还引入了新的战略投资者，以实现产业链整合和市场拓展。

华为将虚拟股票期权改为MBO虚拟股方案。所谓MBO虚拟股方案，是华为向中高管理层增发虚拟股票，高管人均配股100万股，但需锁定3年，3年内不得兑现。如果员工在3年内离职，所配虚拟股票不予回购。

当时的华为内忧外患，高管普遍信心不足，认购意愿并不强，华为便将配股对象面向了绝大多数员工。同时，华为开始与各大银行开展合作，让银行为员工提供购股贷款，降低员工购股资金压力。通过MBO虚拟股方案实施，华为解决了当年的现金流问题。由于设定了3年的锁定期，绑定了很多核心员工，使员工成为奋斗者。

（4）第四次股权调整（2008年）。2008年，华为在进入成熟期后进行了第四次股权调整。这次调整旨在优化公司治理结构，提高公司治理水平。其主要措施包括进一步分散股权，平衡各方权益，提高决策效率和执行力。同时，华为还调整了员工持股计划，提高员工的股权激励。

虚拟股和内部股最大的区别其实就是定价的区别。内部股是1元1股，不涨不跌，买卖都是1元。而虚拟股则是根据每股净资产定价，股价会随净资产涨跌。退出的时候，无论是内部股还是虚拟股都是需要回购的。

还有一点就是虚拟受限股的准入条件要求更高。需要达到13级以上，考核良好，工龄在1年以上，才有机会入股。2013年之后，虚拟受限股的条件就更高了。

（5）第五次股权调整（2013年）。随着市场变化和竞争压力加大，华为在2013年进行了第五次股权调整。

到了2011年前后，华为已是全球第二大通信设备供应商，在长期胜利的情况下，华为员工陷入了惰怠危机。老员工不用干活，股票收入也有上百万元；新员工即使再努力干活，也分不到多少利润。而且，更为重要的是外籍员工已经有3万多人，但无论多么努力工作，都无法购买华为的股票。为了解决这个问题，华为推出了TUP（Time-based Unit Plan），即时间单位计划。

根据华为年报，时间单位计划是其集团范围内实行的基于员工绩效的利润分享和奖金计划。根据该计划，其集团授予员工时间激励单位，获得时间激励单位的员工（称为被授予人）自授予之日起5年可享有以现金支付的收益权，包括年度收益及累计期末增值收益。年度收益金额及累计期末增值收益金额均是由集团厘定的。时间激励单位的有效存续期为授予之日起5年。被授予人将在下一财年基于已生效的时间激励单位数量收到年度收益金额的支付款项。累计期末增值收益将与其他时间激励单位5年期满时，或被授予人聘用关系解除或终止时，予以现金支付给被授予人。

（6）第六次股权调整（2016年）。2016年，华为针对转型期的发展战略进行了第六次股权调整。

2019年，华为承受到前所未有的压力。记者问任正非如何应对。任正非表示，所有一切都可以失去，唯独不能失去的是“人”，人的素质、人的技能、人的信心很重要。人是一切问题的根本。如果公司在危急关头失去了优秀人才，那么公司可能就无法渡过危机。可见，危急关头，最重要的就是要留住人才，尤其是留住核心人才，并且有效地激励他们。

因此，2020年华为出台了ESOP 1（Employee Stock Ownership Plans 1，公司职工持股计划）的政策。ESOP 1也可以说是简版的虚拟受限股。华为进入虚拟受限股、TUP与ESOP 1并存的阶段，形成了立体式的股权激励制度。

享受ESOP 1政策的员工可以享有与虚拟受限股同样的分红权、增值权，但不享有选举权，并且入职8年的持股员工离职后仍然可以享有同等的分红权和增值权。所以对员工的吸引力更大，也在一定程度上达到了留住优秀人才的目的。

（7）第七次股权调整（2020年）。在全球化时期，华为于2020年进行了第七次股权调整，以适应跨国经营的复杂性和挑战。这次调整包括进一步优化员工持股计划，以保持员工的忠诚度和积极性。同时，华为继续加强与战略投资者的合作，共同应对全球市场的变化和竞争压力。

2.华为股权架构设计对公司发展的影响

通过历次股权激励变化，我们可以发现华为的股权激励可以说是危机下的股权激励，并取得了很好的效果，起到了如下三个方面的作用。

(1) 优化股权激励制度，激发员工积极性和创新能力。华为通过多次股权调整，不断完善员工持股计划，使员工成为公司的股东，从而提高员工的工作积极性和忠诚度。这种股权激励制度有助于激发员工的创新能力和积极性，推动公司实现快速发展。

(2) 引入战略投资者，实现资源整合和市场拓展。华为多次进行股权调整，引入了战略投资者，实现资源整合，提高公司竞争力。与战略投资者的合作有助于华为在全球市场的拓展，实现产业链整合，提高竞争优势。

(3) 优化公司治理结构，提高公司治理水平。华为在不同发展阶段进行股权调整，旨在优化公司治理结构，提高公司治理水平。通过合理分散股权，平衡各方权益，华为成功实现了权力分散，提高了决策效率和执行力。

3.股权架构设计中的公司治理要点

(1) 重视公司治理在股权架构设计中的作用，提高决策效率和执行力。公司在设计股权架构时，应充分重视公司治理在其中的作用。良好的公司治理有助于提高决策效率和执行力，降低公司的运营风险。公司应建立健全的治理结构，包括董事会、监事会、高级管理层等，并确保各治理主体之间的权力和责任界定清晰，以实现有效的权力制衡和监督。

(2) 适度分散股权，平衡权力与责任，防止权力过于集中导致的决策失误。公司在进行股权架构设计时，应适度分散股权，避免权力过于集中。合理分散的股权有助于平衡各方权益，提高公司治理水平。此外，分散股权还可以降低单一股东对公司决策的影响，防止因权力过于集中而导致的决策失误，从而保障公司的长期稳定发展。

（3）优化信息披露和透明度，提高公司公信力，增加投资者信心。在股权架构设计中，公司应注重信息披露和透明度。公司应定期公开财务报表、经营状况、股权结构等信息，以提高公司公信力，增加投资者信心。良好的信息披露和透明度有助于降低信息不对称，减少投资者的风险，从而吸引更多的资本投入。

（4）建立合理的激励机制，提高员工积极性和忠诚度，降低员工流失率。公司在设计股权架构时，应建立合理的激励机制，如员工持股计划、期权激励等。这些激励机制可以提高员工的积极性和忠诚度，降低员工流失率。通过激励机制，员工可以分享公司的成长成果，从而更加投入地为公司创造价值，实现公司与员工的共赢发展。

4.如何借鉴华为的股权架构设计经验

（1）适应公司发展，灵活调整股权架构。公司应根据自身发展阶段和市场环境，参考华为的经验，灵活调整股权架构。在不同发展阶段，公司面临的挑战和需求不同，股权架构也应作出相应调整，以满足公司发展的需求。

（2）创新股权激励制度，激发员工潜能。华为的股权激励制度在很大程度上激发了员工的创新能力和公司忠诚度。公司应根据自身特点，创新股权激励制度，激发员工潜能，为公司发展贡献力量。

（3）建立完善的公司治理结构，确保公司稳定发展。借鉴华为的公司治理经验，公司应建立完善的公司治理结构，包括董事会、监事会、高级管理层等。明确各治理主体之间的权力和责任关系，实现有效的权力制衡和监督，确保公司稳定发展。

（4）保持透明度和信息披露，提高公司公信力。华为在信息披露和透明度方面的做法值得借鉴。公司应保持透明度，定期公开财务报表、经营状况、股权结构等信息，以提高公司公信力，增加投资者信心。

（5）合理引入战略合作伙伴，实现互利共赢。华为成功地引入了多个战略合作伙伴，实现了资源整合和市场拓展。公司应借鉴华为的经验，积极寻求

战略合作伙伴，实现互利共赢，提高公司竞争力。

5.结论

本案例通过分析华为五个阶段、七次股权调整，探讨公司发展各个阶段的股权架构设计对公司发展的影响。

对于其他公司而言，华为的股权架构设计案例提供了有益的借鉴和启示。公司在发展过程中应根据自身的实际情况和发展需求，不断调整和优化股权结构，以实现公司的长期稳定发展。

接下来我们来看一个控股公司架构顶层设计的咨询案例。

（三）控股公司架构顶层设计的咨询案例

ABC公司决定采用控股公司架构，以更有效地管理和利用资产和资源。作为控股公司，ABC公司将持有A公司、B公司、C公司三家子公司的股份，从而控制这些公司的经营活动。具体而言，ABC公司持有A公司60%的股份、B公司40%的股份和C公司10%的股份。这意味着ABC公司可以控制A公司、B公司和C公司的经营活动，并对它们的决策产生影响。

反过来，A公司、B公司、C公司三家子公司也分别持有ABC公司不同的股权比例。具体而言，A公司持有ABC公司10%的股份，B公司持有ABC公司20%的股份，而C公司则持有ABC公司5%的股份。这意味着A公司、B公司、C公司三家公司也可以在一定程度上影响ABC公司的经营决策。

ABC公司分别持有A公司60%的股份、B公司40%的股份和C公司10%的股份的设计原因是基于这些公司在ABC公司整体业务中的地位和贡献。A公司是此前ABC公司最重要的业务部门，因此需要控制大部分的股权以确保ABC公司对其经营活动的影响力。B公司在ABC公司的整体业务中也扮演着重要角色，但其对整体业务的贡献不如A公司那么大，因此ABC公司持有其40%的股份。C公司在整体业务中的地位相对较低，因此ABC公司只持有其10%的股份。

采用控股公司架构的优势有很多，以以上案例为例。第一，资本集中化。

这可以帮助ABC公司更好地管理和利用多家子公司的资源与资产，使其能够更好地分配资本，投资于更有前途的业务部门，从而提高整体收益率。第二，风险得到了分散。如果某家子公司出现问题，ABC公司可以通过其他子公司的收入来缓解风险，从而降低整个公司的风险。第三，ABC公司将拥有对所有子公司的管理控制权，从而能够更好地管理公司的整体运营。第四，ABC公司可以通过在不同公司之间进行资本调配来实现财务优势，从而提高整体效率。

然而，控股公司架构也存在一些潜在的风险和挑战。例如，财务透明度和治理结构等问题需要特别注意。因此，ABC公司需要采取透明的财务报告和有效的治理结构，以确保公司的持续稳定发展。至于每家子公司的具体股权比例，ABC公司决定持有A公司60％的股份，B公司40％的股份和C公司10％的股份，反映了每家子公司的战略重要性和表现。A公司可能展现出强大的增长和盈利潜力，B公司可能拥有坚实的基础和稳定的收入，而C公司在公司整体战略中所作的贡献较小，因此持股比例较小。

通过持有A公司和B公司的多数股权，ABC公司可以对它们的运营和决策进行更大程度的控制，同时仍允许它们在ABC公司的少数股权持有中获得收入和产生影响。这可以在公司的管理和决策过程中创造集中化与分权的平衡。

总之，采用控股公司架构对象ABC这样的公司可以为其带来许多好处，包括更好地管理资源和资产，实现风险分散、集中控制和财务效率。然而，公司也需要注意潜在的风险和挑战，如透明度和治理问题，并采取适当措施加以解决。此外，应根据子公司的战略重要性和表现认真考虑每家子公司的股权持有。

四、金字塔股权架构

金字塔股权架构是指公司实际控制人通过间接持股形成一个金字塔式的控制链，实现对该公司的控制。在这种方式下，公司控制权人控制第一层公司，第一层公司再控制第二层公司……以此类推，通过多个层次的公司控制链条取得对目标公司的最终控制权。金字塔股权架构是一种形象的说法，就是多层级、多链条的集团控制结构。

（一）金字塔股权架构的优点

金字塔股权架构具有以下几个方面优点。

1.运用杠杆原理以小博大

在金字塔股权架构中，金字塔顶端的实际控制人可以用少量的自有资金控制大量的外部资金，此结构中的链条越长，控制人用同样的资金控制的资金规模就会越大，从而实现以小博大。

2.纳税筹划效应

金字塔股权架构下的控股公司如同一个资金池，可以把旗下被投资公司的分红很方便地调配用于再投资，而无须承担税负。

除了分红，被投资公司转增注册资本控股公司也可以享受免税待遇。

3.便于债权融资

在目标公司上面设立控股公司，一方面，由于控股公司可以合并目标公司报表以及其他产业的报表，而这些控股公司资金实力强于目标公司，受到银行认可的程度较高。因此，控股公司可在目标公司银行借款、发行债券等过程中提供相应的担保，提高目标公司债项的信用等级，降低融资成本。另一方面，控股公司可以在达到一定规模资产之后，以发行公司债券等方式获得资金，开展一些不宜在目标公司内部开展的业务，如不宜上市的一些产业或目前处于亏损期尚需在控股公司体内培育的新兴产业。

4.便于人事安排

例如，在目标公司上面设有控股公司，可以在目标公司上市或取得重大发展后将冲劲不足、知识老化、愿意躺在“功劳簿”上的老管理层升至控股公司，担任相应的虚职，腾出相应的职位空间给下面的中层骨干。这样既照顾了老管理层的情绪，又保证了新管理层的活力，同时打开了公司整体的晋升通道。

5.有利于控股公司单独上市

控股公司实际发展到一定阶段，也可以单独上市。这样不仅可以为境外融资打通一个新渠道，还可以提升公司整体的国际影响力。

6.上市后的市值管理

公司上市后会通过减持、并购、定增、分红、资产注入、股权转让等资本运作进行市值管理。一方面，设立控股公司可以随时准备承接上市公司的非优质资产和暂时在培育期的项目，待时机成熟后单独上市或以定向增发方式注入上市公司。如华润集团的孵化模式，便是先由上市公司或战略业务单元挑选合适的项目，由集团购入项目并进行孵化，再注入上市公司。另一方面，设立控股公司可以为集团公司的现在和未来发展协调各种战略资源，统筹各公司的利益。

（二）金字塔股权架构面临的问题和挑战

当然，金字塔股权架构也同样会面临一些问题和挑战。

（1）由于控制链条的复杂性和不透明性，公司治理和股东权益保护可能会受到影响。

（2）金字塔股权架构可能使得公司内部决策过于集中，缺乏有效的监督和约束机制。

因此，在实践中，许多国家和地区都出台了相关法规和规定，以规范金字塔股权架构的使用和管理。

（三）金字塔股权架构的案例

1.光明乳业金字塔架构实践

光明乳业是我国著名的乳制品生产公司，其实际控制人是光明集团。光明集团通过多家控股子公司（如光明乳业、光明食品等）形成了多层次的控制链条，最终控制了光明乳业。这种金字塔架构的控制结构使得光明乳业能够灵活应对市场变化，实现多元化经营，实现了资源的整合和共享，提高了集团整体的效率和竞争力。

光明乳业在产品研发、生产、销售等方面通过与光明食品、光明乳业（香港）等子公司的合作，实现了跨领域的资源整合和优化配置，提高了产品质量和品牌竞争力。同时，金字塔式的控股结构也使得光明乳业能够快速响应市场变化，及时进行战略调整和优化，保持在激烈竞争中的领先地位。

此外，光明乳业还通过多元化的经营，拓展了其业务范围，包括乳制品、食品、饮料、冷链物流等多个领域。这种多元化经营策略也得益于金字塔式的控股结构，使得光明乳业能够更好地把握市场机遇，实现业务协同和资源共享。

2.虚拟现实技术公司金字塔股权架构顶层设计的咨询案例

这是一家虚拟现实技术公司，致力于开发高质量的VR（Virtual Reality，虚拟现实）游戏和应用程序，以及提供VR内容制作和相关技术服务。

这家公司采用金字塔股权架构来管理公司。这种结构通过多层公司控制链条来有效地控制公司，并使业务流程高效运营。其创始人处于自然人顶层控制层，通过间接持股的方式拥有最高层的公司控制权，并直接管理第一层公司。

第一层公司——VirtuaTech，作为直接管理所有业务和员工的公司，负责开发和销售VR游戏与应用程序。

第二层公司——VirtuaTech的全资子公司，负责提供VR内容制作和相关技术服务。该公司为其他公司和客户制作VR应用程序、虚拟场景和技术咨询服务等。

第三层公司——Reality Works的全资子公司，负责VR技术的研究和开发，以及提供VR技术咨询服务。该公司将在VR技术领域保持领先地位，并为其他公司和客户提供VR技术方面的支持和服务。

在这个金字塔股权架构中，各家子公司的层层嵌套的持股比例如下：

（1）VirtuaTech：自然人顶层控制层持有其100%股份。

（2）VirtuaTech的全资子公司：VirtuaTech持有其100%股份。

（3）Reality Works的全资子公司：VirtuaTech的全资子公司持有其100%股份。

那么这家公司为什么要这么做，或者说这样做能为公司带来什么呢？

（1）在资产控制和分配方面。在这种持股比例结构下，自然人顶层控制层持有整个公司集团的控制权，可以直接掌控公司集团的资产控制和分配。通过多层公司控制链条，每层公司负责管理自己的子公司，上层公司可以随时了解下层公司的经营状况，及时进行调整和干预，从而实现更有效的资产管理。

（2）在资产优化和投资方面。不同子公司拥有不同的业务和产品线，通过合理配置和管理公司集团的资产，可以实现资源的最优化利用。同时，金字塔架构可以帮助公司集团实现更加灵活的投资策略，使得资产配置更加高效，收益更加可观。

（3）在风险控制和资产保护方面。通过多层公司控制链条，可以实现更有效的风险控制和资产保护。每层公司负责管理自己的子公司，上层公司可以随时了解下层公司的风险隐患与资产情况，及时进行调整和干预，从而避免了潜在风险和损失。

与此同时，这种架构也存在一些缺点。首先，此架构中的公司层级比较多，可能导致决策过程变得缓慢，降低了公司的灵活性和应变能力。其次，不同层级之间的信息流通和协调也可能存在问题，需要加强管理和协调。

总的来说，这家公司的金字塔股权架构是一种常见的公司管理架构，适用于需要高效管理和控制的公司，但需要在具体实施中注意克服架构所带来的一些潜在缺点，确保公司的灵活性和应变能力。

五、混合股权架构

在实际的股权架构中，不同股东的投资目标和诉求可能会有所不同。为了满足不同股东的需求，混合股权架构应运而生。混合股权架构是指在自然人直接架构、有限合伙架构、控股公司架构等多种股权架构中，针对不同股东和不同诉求混合而成的一种股权架构。

混合股权架构可以根据不同的股东需求进行设计，以满足不同股东的要求。比如实际控制人往往有长期持股的目的，但也不排除公司上市后出售部分股票，用套现资金改善生活水平或投资新产业板块；员工持股多希望在公司上市后可以套现；战略投资人有的希望长期持股，有的则希望公司上市后售股套现。

（一）混合股权架构的优缺点

混合股权架构具有以下几个方面的优点。

(1) 可以根据不同股东的需求进行设计，使得每个股东都能够达到自己的投资目标。

(2) 混合股权架构也可以更加灵活地应对市场变化，以保证公司的长期稳定发展。

(3) 混合股权架构还可以避免单一股权架构的缺陷，如有限合伙架构的股东责任有限、自然人直接架构的股东风险较大等。

当然，混合股权架构的缺点也是显而易见的。

(1) 因为不同股东的诉求不同，股权架构的设计可能会更加复杂，从而影响公司的运营和管理。

(2) 混合股权架构也可能带来法律风险，因为不同类型的股东可能会存在不同的法律责任和义务。

总的来说，混合股权架构是一种投资架构，它可以满足不同股东的诉求，但也有一定的风险和复杂性。因此，在设计混合股权架构时，应该综合考虑股东的诉求、公司的运营和管理，以及法律风险等多方面因素。在实际应用中，应根据公司的情况和市场变化，灵活选择不同的股权架构，以保证公司的长期发展。

（二）京东集团通过混合架构完成企业所有权的控制与企业治理

1.京东案例介绍

京东成立于1998年，创立初期以销售电子产品为主，逐渐发展成为综合性的电商平台。经过20多年的快速发展，京东已经成为中国电商市场的领军公司，市值超过千亿美元，拥有数亿用户。京东凭借强大的物流体系、丰富的商品种类和优质的客户服务，在激烈的市场竞争中脱颖而出，成为我国乃至全球最具影响力的电商平台之一。

·京东股权架构概述（见图3－6）

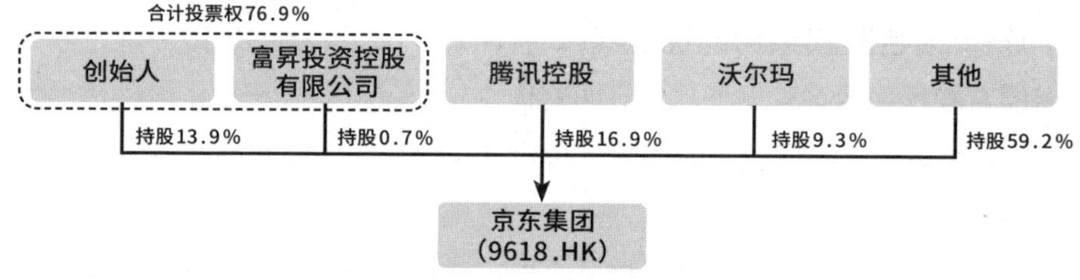

图3－6　京东股权架构

京东股权架构有两大特点，一是A股和B股同股不同权设计，二是混合架构多元化设计。

京东从上市开始采取双重股权结构，A股每股有1个投票权，B股每股有20个投票权。

创始人持有较多的B股和少部分A股（2015年股权激励计划为A股）。

员工持股平台持有的都是B股，由创始人掌握投票权。

两项合计，创始人的股票占比为15.5%，控制的投票权为79.5%。

其他股东和管理层持有的都是A股，其持股比例为83.2%，投票权共为20.5%。

京东的公司章程规定：B股可由持有人随时转换为A股，但在任何情况下A股不可转换为B股。一旦B股的持有人将其转让给非其附属机构的任何个人或实体，该B股则自动立即转换为相同数量的A股。

当创始人不再担任京东的董事和首席执行官时，所有B股将自动并立即转换为同等数量的A股。也就是说，拥有20倍投票权的B股，只专属由创始人控制，换人则不再有效。

· 京东控股公司的股权架构（见图3－7）

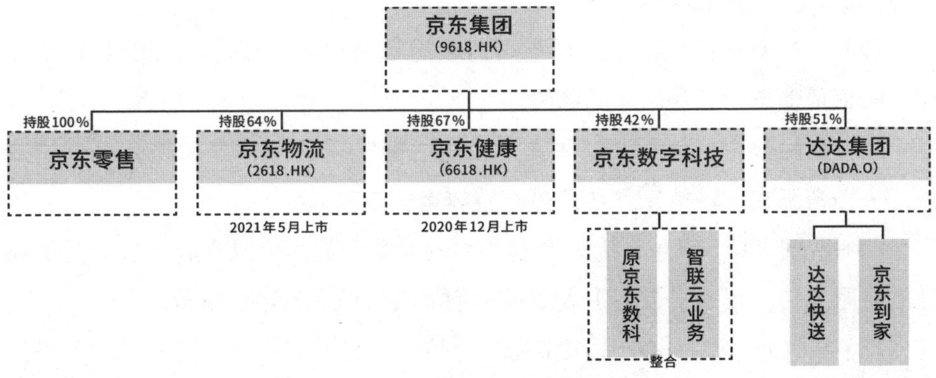

图3－7　京东控股公司的股权架构

京东已经拥有并控制了多个子公司和业务板块，以下是一些主要的子公司和业务。

（1）京东零售：作为京东集团的核心业务，主要负责在线零售业务，包括电子商品、家电、家居、服饰、食品等多个品类。

（2）京东物流：负责为京东集团及其他公司提供供应链解决方案、仓储物流服务和配送服务。拥有独立的子公司京东物流集团。

（3）京东数字科技：提供金融科技解决方案、智能供应链、云计算、大数据等服务。拥有独立的子公司京东数科。

（4）京东健康：专注于健康产业，提供医药电商、在线医疗咨询、健康管理等服务。拥有独立的子公司京东健康集团。

（5）京东云：为公司和个人提供云计算、云存储、大数据分析等服务。拥有独立的子公司京东云科技。

（6）京东汽车：负责汽车零售、维修服务、二手车交易等业务。拥有独立的子公司京东汽车。

此外，京东还涉足了农业、地产、教育等多个领域，并拥有或控股了一些其他子公司。

·以京东为主体控制子公司的优点

（1）规模经济：作为一个大型控股公司，京东可以利用其庞大的规模来实现更高的效率，降低成本并提高竞争力。

（2）业务多样化：通过控制不同领域的子公司，京东可以实现业务多样化，降低依赖单一业务领域的风险。

（3）资源整合：京东可以在其子公司之间实现资源共享和整合，例如技术，人力资源和市场信息，从而提高整体运营效率。

（4）金融支持：京东作为一个有实力的大型公司，可以为其子公司提供强大的金融支持，帮助子公司扩大规模、增加投资或应对市场挑战。

（5）品牌效应：京东在中国市场具有较高的品牌知名度，这将有助于提升其子公司在市场中的竞争力。

·以京东为主体控制子公司的缺点

（1）管理复杂度：随着子公司数量的增加，管理和协调各个子公司的业务和运营将变得更加复杂，可能导致管理效率降低。

（2）创新能力受限：在大型公司的管理体系下，子公司的创新能力可能受到限制，导致公司在应对市场变化和抢占新的市场机会方面反应较慢。

（3）法规和合规风险：跨国或跨地区运营的子公司需要遵守当地的法律法规，这可能导致京东面临更多的法规和合规风险。

（4）子公司间竞争：如果子公司的业务领域存在重叠，可能导致内部竞争，从而影响整体业绩。

（5）整合风险：收购或控制子公司可能带来整合风险，如公司文化不和、管理团队磨合困难等，这可能对公司业绩产生负面影响。

京东股权结构以创始人为核心，通过多元化的股权架构设计，实现了创始人与核心团队、战略投资者、员工等多方利益的平衡。股权结构中包括A类股、B类股和C类股等多种类别，分别对应不同的投票权和股东权益。

·京东混合股权架构简图（见图3－8）

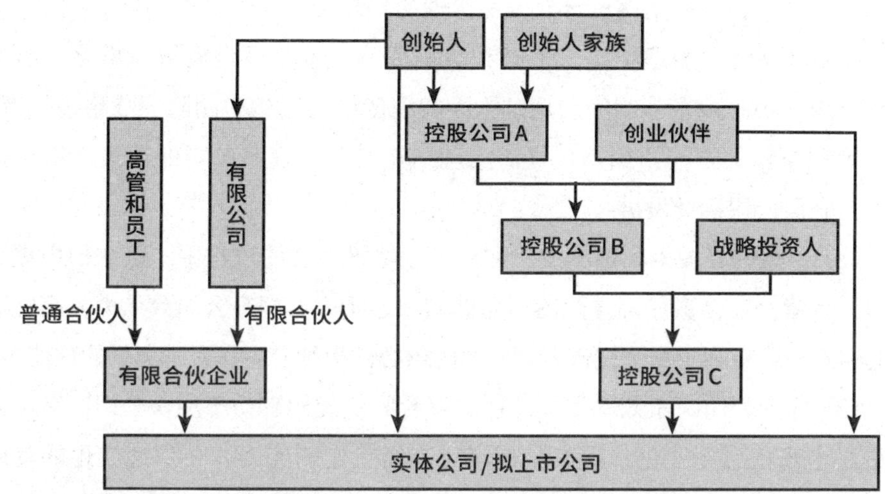

图3－8　京东混合股权架构简图

2.京东混合股权架构设计对公司所有权控制的影响

（1）确保创始人和核心管理团队的控制权。通过设立A类股、B类股等不同类别的股票，保障创始人及核心团队在公司治理中的主导地位。A类股具有较高的投票权，有利于创始人在关键决策时发挥决定性作用，保证公司战略方向的稳定性。

（2）引入战略投资者和优化股权结构。通过引入腾讯、沃尔玛等战略投资者，增强公司实力，降低财务风险，提升公司品牌价值。战略投资者的引入有助于拓展业务领域、优化资源配置，提高公司在市场中的竞争力。此外，战略投资者在公司治理中的参与有助于借鉴先进的管理经验，提升公司的治理水平。

（3）防止敌意收购和保护公司长远利益。混合股权架构有助于降低敌意收购的可能性，确保公司长期稳定发展。通过合理分配投票权和股东权益，降低外部收购方对公司的控制力，保护创始人和核心团队的利益。

(4) 通过股权激励，提高员工积极性和公司发展。通过设置员工持股计划、期权激励等方式，激发员工创新精神，促进公司快速发展。股权激励制度有助于提高员工的积极性和忠诚度，从而降低员工流失率，增强公司的凝聚力。

3.京东混合股权架构设计对公司治理的影响

(1) 建立健全治理结构，平衡利益相关方关系。通过设置董事会、监事会等组织，明确权责分明的治理结构，实现创始人、核心团队、战略投资者、员工等利益相关方的平衡。良好的治理结构有助于提高公司的决策效率和执行力，确保公司稳健发展。

(2) 提高信息披露和透明度。在引入战略投资者的过程中，京东积极提高财务、经营、社会责任等方面的信息披露和透明度，提升公司公信力。高度透明的信息披露有利于增强投资者对公司的信心，提高公司在资本市场的估值。

(3) 提高公司决策效率和灵活性。混合股权架构有助于加快公司决策，使其更具市场化、专业化，提高公司应对市场变化的能力。在快速变化的互联网行业，公司需要具备强大的市场应变能力，以应对各种不确定性挑战。

(4) 培育公司文化和价值观。京东强调诚信、客户至上、团队合作等公司文化，引导员工积极投身公司发展，为公司治理和长远发展奠定基础。良好的公司文化能够提高员工的归属感和忠诚度，从而降低员工流失率，为公司发展提供人力保障。

4.京东混合股权架构设计的启示与借鉴

(1) 适度分散所有权，平衡权力与责任。公司应根据自身特点，合理设置股权结构，平衡各方权力与责任，确保公司发展稳定。在保持创始人和核心团队控制力的同时，引入战略投资者和设立股权激励制度，实现多方利益的平衡。

(2) 引入战略投资者，优化股权结构。通过引入战略投资者，优化公司股权结构，实现资源整合，提高公司竞争力。战略投资者可以为公司提供资金、技术、市场等资源，有利于公司拓展业务领域和提升市场地位。

(3) 创新股权激励制度，激发员工潜力。采取员工持股计划、期权激励等方式，让员工分享公司发展成果，提高员工积极性和创新能力。股权激励有助于增强员工的归属感，形成共同发展的合力。

(4) 重视公司治理，提升公司竞争力。建立健全公司治理机制，提高信息披露和透明度，加强公司文化建设，促进公司长远发展。良好的公司治理有助于提高公司的公信力和市场竞争力，为公司发展创造有利条件。

京东混合股权架构设计对公司所有权控制和公司治理产生了积极影响，有助于平衡各方利益，提高公司竞争力。

（三）混合股权架构顶层设计的咨询案例

1.案例介绍

这是一家叫作智动科技（化名）的运动科技公司。它致力于开发创新的运动传感技术，为消费者提供更加智能化的运动体验。

其股权架构如下。

创始人：持股比例为30%。

员工持股计划：持股比例为5%。

战略投资人：持股比例为20%。

风险投资基金：持股比例为25%。

自然人投资者：持股比例为10%。

其他：灵活处理比例为10%。

还是考虑这个问题：为什么是这样的分配比例？

·创始人

张三：作为公司的创始人之一，对公司的发展有着深刻的理解和经验，拥有20%的股权，是公司的最大股东之一。他在公司中担任重要的决策者和领导者的角色，负责指导公司的战略和发展方向，并且对公司的日常运营也有着影响力。

李四：作为公司的创始人之一，在公司的创立和早期发展中起到了重要的作用，拥有10%的股权。他在公司中担任重要的角色，负责监督公司的财务和资产管理，并对公司的战略和运营提供重要的建议和支持。

·员工持股计划

全体员工：作为公司员工的代表，他们持有公司5%的股份，可以参与公司的决策和分享公司的成果。这有助于增强员工的归属感和激励他们为公司的发展作出更多的贡献。

·战略投资人

A公司：作为一家有着丰富资源和经验的公司，持有15%的股份，可以为公司提供战略和资金上的支持，并且为公司开拓新的市场和业务领域提供帮助。

B公司：作为一家专业的投资公司，持有5%的股份，可以为公司提供投资和融资上的支持，并且为公司的业务拓展提供合适的投资机会和建议。

·风险投资基金

X基金、Y基金、Z基金：这些风险投资基金持有公司25%的股份，可以为公司提供资金和资源上的支持，帮助公司进行业务拓展和创新，并且为公司的发展提供了很大的动力和支持。

·自然人投资者

小王、小李和其他自然人投资者：这些投资者共持有公司10%的股份。他们对公司的发展和运营有一定的了解和认识，并且相信公司具有良好的发展潜力和前景，因此选择了投资该公司。在公司发展早期，他们的投资为公司提供了资金和资源上的支持，并且为公司的发展注入了新的活力和动力。

因此，他们获得了相应的股权比例作为对他们所作贡献的回报。

2.案例分析

这个案例中股权架构的设计考虑到了各方的利益和需求。创始人持有30%的股份，保留了实际控制权，也考虑到了未来可能需要套现的情况。员工持股计划的持股比例为5%，可以用于激励和留住员工，并让员工分享公司成长的红利，从而增强员工的归属感和参与度。战略投资人持有20%的股份，旨在获得较高的回报率，但也愿意长期持有股份以支持公司的发展。风险投资基金持有25%的股份，通过投资和管理支持公司的快速增长，并在公司上市后实现投资回报。自然人投资者持有10%的股份，为富裕人士和天使投资者提供高风险高回报的投资机会。这样的股权架构可以有效地平衡各方的利益和风险，为公司的长期发展提供了支持。

第四章　合伙人股权设计

一、什么是股权设计？

股权设计是制定和实施公司股权结构的过程，包括公司股份的分配、股权激励计划、股东权益等。

（一）股权设计的重要性

股权设计作为公司治理的重要组成部分，对于公司的长期成功具有至关重要的作用。股权设计的重要性体现在以下方面。

1.提高公司的透明度和稳定性

合理的股权设计可以提高公司的透明度和稳定性，从而增强公司的信誉和声誉，提高投资者和利益相关者的信心。例如，当公司的股权结构合理时，可以避免因股东之间的利益冲突而导致的不良决策和管理。合理的股权设计还可以促进公司决策的合理性和迅速性，通过股权激励等方式激励公司高管和员工在公司治理中发挥更积极的作用。

相反，曾经有一家美国的能源公司，其股权设计不当导致公司治理出现问题，最终在2001年因为财务丑闻而宣布破产。该公司在股权设计上存在着严重的问题，股东之间存在着利益冲突和争斗，导致公司管理层面存在着重大的问题。公司高管通过虚假的财务报表和会计手段，误导投资者和监管机构，造成了公司的财务状况严重恶化。由于公司治理不当，该公司的业务和财务状况受到了极大的影响，最终导致公司的股价暴跌和投资者的信心受损。这一事件表明，股权设计和治理对于公司的长期发展和稳定至关重要，必须得到充分的重视和管理。

2. 保护公司股东和利益相关者的权益

合理的股权设计可以保护公司股东和利益相关者的权益，避免股东之间的权益冲突，保护小股东的权益，防止大股东通过控制股份来损害其他股东和公司利益。此外，股权设计还可以保护公司和股东的利益，可以通过制订合理的股权激励计划来激励和留住优秀的高管和员工，提高公司的竞争力和创新能力。

比如某知名公司在其股权设计中，控股股东拥有绝对控制权，小股东的权益得不到保障，而且该公司的股权激励计划设计不佳，长期以来无法吸引和留住优秀的高管和员工。这些问题导致了该公司在国外被禁止采购相关技术，最终导致公司业务受到极大的影响，股价暴跌，股东和利益相关者的权益无法得到有效保护。这一事件表明，股权设计和治理对于公司的长期发展和稳定的确非常重要。

3. 促进公司长期发展

公司治理和股权设计可以促进公司长期发展。通过合理的股权设计，可以激励公司高管和员工在公司发展中发挥更积极的作用，增加公司的创新能力和竞争力。另外，公司治理机制可以监督公司高管和董事会的行为，防止他们在公司治理中出现不当行为，从而保障公司的健康发展。

4. 提高公司的价值

合理的股权设计可以提高公司的价值。通过股权激励计划和其他股权安排，可以激励公司高管和员工的工作动力与创新能力，从而提高公司的竞争力和创新能力。此外，通过股权结构的合理设计，可以避免因股东之间的权益冲突而导致的公司管理混乱和决策失误，提高公司的稳定性和投资价值。

（二）股权设计的主要方式

股权设计的方式主要包括以下几种。

1. 进行股份分配

股份分配是指将公司的股份分配给股东的过程，包括初次股份分配和增发。初次股份分配通常是在公司成立时进行，而增发则是指公司在发行新股份以融资或对现有股东进行优先认购的情况下进行的股份分配。股份分配的方式和比例对于公司的股权结构与公司治理至关重要，应该合理考虑不同股东的权益和利益，避免出现股东之间的权益冲突。

2.设定股权激励计划

股权激励计划是指公司为了激励和留住优秀的高管与员工而制订的股权安排。股权激励计划主要包括股票期权、股票奖励和限制性股票等形式。通过设定股权激励计划，可以使高管和员工更加积极地参与公司的发展与治理，增加公司的创新能力和竞争力。

3.制定股东协议

股东协议是指股东之间的协议和约定，旨在规定股东之间的权益和责任，以及股东之间的关系和互动。股东协议通常包括投票权协议、转让限制协议、优先购买权协议等。通过制定股东协议，可以避免股东之间的权益冲突，保护小股东的权益，防止大股东通过控制股份来损害其他股东和公司利益。

4.设立董事会和监事会

董事会和监事会是公司治理结构中的重要组成部分。董事会负责公司的战略决策和管理，监事会则负责对董事会和公司高管的行为进行监督与审计。通过设立董事会和监事会，可以有效监督董事会和公司高管的行为，防止他们在公司治理中出现不当行为，从而保障公司的健康发展。

（三）股权设计需要考虑的因素

在进行股权设计时，需要合理考虑以下几个因素。

1.股东权益和利益

股权设计应该合理考虑股东的权益和利益，避免出现股东之间的权益冲突。股权设计应该平衡不同股东之间的权益和利益，保护小股东的权益，防止大股东通过控制股份来损害其他股东和公司的利益。

2.公司治理和管理

股权设计应该与公司的治理和管理结构相匹配，确保公司治理和管理的稳定性与透明度。股权设计应该避免因股东之间的权益冲突而导致的不良决策和管理，促进公司决策的合理性和迅速性。

3.股东之间的关系和互动

股权设计应该合理考虑股东之间的关系和互动，建立和维护良好的股东关系。股权设计应该通过股东协议等方式规范股东之间的关系和互动，避免出现股东之间的纠纷和冲突。

4.公司的长期发展和价值

合理的股权安排，可以激励和留住优秀的高管与员工，增加公司的创新能力和竞争力。股权设计应该考虑公司未来的战略规划和发展方向，以及如何通过股权安排来支持公司的长期增长和价值提升。

5.法律法规和规范要求

股权设计应该符合相关的法律法规和规范要求，避免因违反法律法规和规范要求而导致的法律风险与声誉损失。股权设计应该遵循我国公司法、证券法、公司章程等相关法律法规和规范要求，确保股权设计的合法性和合规性。

总之，股权设计是公司治理的重要组成部分，需要合理考虑股东权益和利益、公司治理和管理、股东之间的关系和互动、公司的长期发展和价值、法律法规和规范要求等因素，制定出合理的股权安排，保障公司治理的稳定性和健康发展。

二、分股不分权的七种控制公司的方法

分股不分权是指公司在股份结构上，股东持有的股份数相等，但是其投票权不同。在这种情况下，少数股东可以通过投票来控制公司的决策，而多数股东则无法发挥其应有的影响力。为了避免这种情况，公司可以采取一些方法来平衡不同股东的权益。这些方法包括有限合伙、金字塔架构、一致行动人、委托投票权、公司章程、优先股以及AB股等。

（一）有限合伙

有限合伙是一种商业合伙模式，由两种类型的合伙人组成：一种是有限合伙人，另一种是管理合伙人。有限合伙人只有投资的义务，而管理合伙人则有管理和控制合伙公司的责任与权力。有限合伙人的投资可以分成股份，但这些股份没有投票权或控制权。管理合伙人则拥有所有的投票权和控制权。

有限合伙的最大优势是，它可以让投资者投资不同的股权，而不必担心受到股东的影响。有限合伙的另一个优势是，它可以为股东提供税收优惠，从而节省成本。另外，有限合伙可以让股东轻松地参与管理，而不必担心受到其他股东的控制。

（二）金字塔架构

金字塔架构是一种相对复杂的股权结构，由多家公司组成。在这种架构中，公司被组织成多层次结构，每家公司拥有另一家公司的股份。在顶层公司中，股份不仅代表股权，而且代表控制权。但是，当股份下放到下层公司时，它们只代表股权而不代表控制权。

金字塔架构是一种分配股权的方法，它可以确保股东的权益得到保护。金字塔架构的优势在于，它可以让股东保持投资者的权益，同时也可以让公司更加灵活地运作。另外，金字塔架构还可以让股东保持对公司的控制权，从而确保公司的长期发展。

（三）一致行动人

一致行动人也是一种股权结构，由多个股东签署一份协议，承诺在投票中采取相同的行动。这意味着这些股东不再有单独的投票权。这种结构通常用于防止单个股东控制公司的情形，可以促进股东之间的合作。

一致行动人的优势在于，它可以让股东在决策中更加有力，并且可以让股东共同参与管理，而不必担心受到股东的影响。下面是一致行动人协议合同的模板。

一致行动人协议（模板）

本协议于____年____月____日由以下双方签订：

甲方（一致行动人1）：
地址：
联系电话：

乙方（一致行动人2）：
地址：
联系电话：

鉴于甲乙双方拟共同向目标公司投资，为明确双方合作及投资事项，经友好协商，甲乙双方同意按照以下条款达成一致行动人协议：

第一条　一致行动的目的

各方将保证在公司的股东会和董事会会议中行使表决权时采取相同的意思表示，以巩固各方的共同控制地位。

1.“目标公司”是指本协议项下甲乙双方共同投资的公司。

2.“目标公司股权”是指甲乙双方共同持有的目标公司股份。

3.“一致行动人”是指甲乙双方为实现共同目标而共同行动的主体。

第二条　一致行动事项

1.甲乙双方同意，以一致行动人的身份共同投资目标公司。

2.甲乙双方同意，在本协议生效后，共同行使对目标公司的投资权益。

3.甲乙双方同意，在本协议有效期内，就目标公司的重大决策事项进行充分协商，共同决定。

第三条　股权分配

1.甲乙双方同意，投资完成后，甲方持有目标公司股权×%，乙方持有目标公司股权×%。

2.甲乙双方同意，对目标公司股权的变更应取得双方的一致同意。

第四条　重大决策事项

甲乙双方同意，以下事项应视为重大决策事项，需双方共同决定：

1.目标公司的增资、减资、合并、分立、兼并、收购或者清算。

2.目标公司的章程修改。

3.目标公司的重大投资项目。

4.目标公司的财务计划、盈利分配及亏损补偿方案。

5.目标公司的解散或者终止。

6.其他可能对目标公司产生重大影响的事项。

第五条　协议的转让

未经甲乙双方书面同意，任何一方不得将本协议项下的权利和义务转让给第三方。

第六条　争议解决

关于本协议的解释、执行或终止所产生的或与之有关的一切争议，双方应首先积极协商解决。如协商无果，任何一方均有权将争议提交至有管辖权的人民法院诉讼解决。

第七条　保密义务

1.甲乙双方应对本协议的存在和内容以及在履行本协议过程中所获知的关于对方的商业秘密、技术秘密和其他保密信息承担保密义务。

2.保密义务在本协议终止后仍然有效，直至双方同意解除保密义务或保密信息已经进入公共领域。

第八条　协议的生效、变更和终止

1.本协议自甲乙双方签字（或盖章）之日起生效，有效期为×年，届满后可经双方协商一致续签。

2.本协议的任何变更或终止均应经甲乙双方书面同意。

3.若一方违反本协议的约定，给对方造成损失的，应当承担违约责任。

第九条　其他事项

1.本协议一式两份，甲乙双方各执一份。

2.本协议未尽事宜，可由甲乙双方协商签订补充协议，补充协议与本协议具有同等法律效力。

甲方（一致行动人1）　　乙方（一致行动人2）：

（签名或盖章）　　（签名或盖章）

签订日期：　　年　月　日

注：本协议仅作为参考模板，在实际操作中应根据具体情况对其进行调整。在签订任何协议之前，请务必遵循相关法律法规，并寻求专业法律建议。

（四）委托投票权

在委托投票权的股权结构中，股东可以将他们的投票权委托给一个代理人，如公司董事会或一家专门的投票机构。这种方式通常用于帮助解决特定的股东问题，例如对冲基金对公司治理的影响。

委托投票权是一种可以确保股东权益得到保护的方法。委托投票权的优势在于，它可以让股东在决策中更加有力，同时也可以让股东更加轻松地参与管理，而不必担心受到其他股东的影响。另外，委托投票权还可以让股东更加有效地参与公司的决策，从而确保公司的长期发展。下面是委托投票权协议的模板。

委托投票权协议（模板）

甲方（受托方）：

住所：

联系方式：

身份证号：

乙方（委托方）：

住所：

联系方式：

身份证号：

鉴于：

甲方、乙方均为______公司（以下简称公司）的股东，其持股比例分别为____%、____%；为凸显甲方作为标的公司控股股东的地位，各方根据现行法律法规的规定，本着自愿公平、协商一致的原则签订如下《委托投票权协议》（以下简称本协议），以资信守。

1.乙方同意，在处理有关标的公司经营发展且根据《中华人民共和国公司法》等有关法律法规和《公司章程》需要由公司股东会作出决议的事项时在此不可撤销地均委托授权甲方行使表决权。

2.采取投票权委托的方式为：就有关标的公司经营发展的上述事项在相关股东会上行使表决权时乙方均委托授权甲方行使乙方的表决权。

3.本协议其他未尽事宜，由各方签订书面的补充协议或协商解决。

4.本协议自签署之日起生效，本协议长期有效。

甲方（签名或签章）：　　　　　　　乙方（签名或签章）：

年　　月　　日　　　　　　　　　　年　　月　　日

注：本协议仅作为参考模板，在实际操作中应根据具体情况对其进行调整。在签订任何协议之前，请务必遵循法律法规，并寻求专业法律建议。

（五）公司章程

公司章程是规定公司治理结构和行为的文书。公司章程可以规定股权结构，以确保股东无法获得控制权。例如，公司章程可以规定，当公司发生特定情况时，某些股东的投票权被削弱或取消。公司章程的优势在于，它可以让股东更加有效地参与公司的决策，从而确保公司的长期发展。另外，公司章程还可以让股东在决策中更加有力，同时也可以让股东更加轻松地参与管理，而不必担心受到其他股东的影响。

公司章程作为公司的基本法，对于公司治理结构的优化和适应性具有至关重要的作用。随着公司治理理论的发展和实践的深入，公司章程在现代公司治理中的地位和价值日益受到关注。接下来我们对公司章程的法律梳理进行探讨，并结合实务案例分析公司章程的价值。

1.公司章程的法律地位和作用

(1) 法律地位。公司章程是公司的组织大纲，具有法律约束力。根据《中华人民共和国公司法》的规定，公司章程作为公司的基本法，对公司的设立、组织、运作、解散等方面具有法律效力。公司章程是公司的内部法规，对公司及其股东、董事、监事、经理等均具有法律约束力。

(2) 作用。公司章程的主要作用包括规定公司的基本组织结构，明确公司的经营范围和目标，确定公司的权利和义务分配，以及规范公司的内部治理结构等。公司章程在公司治理结构优化、股东权益保护、激励创新人才等方面发挥着重要作用。

2.公司章程在股权与权益分离方面的实际运用

(1) 激励关键技术人才和管理人才。在现代公司治理中，股权与权益分离成为一种有效的激励机制。公司可以通过调整股东的表决权、分红权等与持股比例、出资比例不一致的方式，激励关键技术人才和管理人才。例如，公司创始人可以通过公司章程约定，为技术型股东提供优于其出资比例的分红权，从而激励技术型股东为公司发展作出更大贡献。

(2) 保护投资者权益。在股权与权益分离方面，公司章程的设计和调整可以更好地保护投资者权益。例如，公司章程可以规定股东大会的表决方式，以确保各类股东的权益得到平衡和保护。对于小股东来说，可以通过公司章程约定，为他们提供一定的监事、独立董事提名权等，以增强他们在公司治理中的发言权。

3.优化公司章程以激励技术型股东和管理型股东

(1) 激励技术型股东。公司可以通过优化公司章程，设定相应的激励政策，以留住和激励技术型股东。例如，公司章程可以规定，技术型股东在公司技术研发项目的收益分配方面享有优先权。另外，公司还可以通过设定股权激励计划、分红政策等方式，激励技术型股东为公司发展作出更大贡献。

(2) 激励管理型股东。为激励管理型股东，公司可以在公司章程中规定，根据管理层的业绩和贡献，给予他们相应的表决权、分红权等待遇。此外，公司还可以通过设定长期激励计划、年度绩效奖励等方式，鼓励管理型股东更加积极地投入公司治理和经营管理工作。

4.公司章程在现代公司治理中的重要意义

(1) 优化公司治理结构。通过公司章程的设计和优化，公司可以调整和完善治理结构，以适应不断变化的市场环境。这有助于提高公司的治理效率，保障公司的长期稳健发展。

(2) 保护股东权益。公司章程在保护股东权益方面发挥着关键作用。通过明确股东的表决权、分红权等方面的规定，公司章程可以确保各类股东的权益得到充分保护，从而维护公司稳定和谐的内部环境。

(3) 激励创新人才。公司章程在激励创新人才方面具有重要意义。通过优化公司章程，为技术型股东和管理型股东提供合理的激励政策，有助于公司吸引和留住优秀人才，推动公司的持续创新和发展。

5.公司章程“另有规定”的实务价值

有的股东虽然出资较少，但属于技术人才，对公司贡献较大。如果简单地以出资比例来进行分红，对于这一类股东来说有失公平。因此，若将分红权与持股比例相分离，则可以满足技术型股东、管理型股东的需要。

在实际操作中，允许公司章程“另有规定”具有很大的实务价值。它使公司能够根据自身特点和股东需求，设计符合自身利益的公司治理结构。这种灵活性有利于公司的发展，也更能体现市场经济的精神。以下几个方面具体说明了公司章程“另有规定”的实务价值。

(1) 在某些情况下，公司章程可另行约定股东的分红权与持股/出资比例不相等，以便更好地激励关键技术人才或管理人才。这种安排可以提高公司的竞争力，吸引更多优秀人才加入。

(2) 公司章程可另行约定股东的表决权和出资比例不一致。这有助于保护创始股东在公司发展过程中的控制权，同时也避免了公司治理过度集中，有利于公司健康发展。

(3) 公司章程可另行约定对股权转让作个性化安排。这可以保护股东的权益，避免因股权转让导致公司治理结构发生不利变化。

(4) 公司章程可另行约定排除继承人股东资格的继承权。这有助于维护公司的人合性，避免因继承人能力不足或信任问题导致公司内部冲突和治理困境。

(5) 公司章程可另行约定董事会、监事会等公司治理机构的具体设立和运作方式。这有助于针对公司的特点和需要，提高公司治理效率和透明度。

(6) 公司章程可另行对公司财务、审计等方面进行具体规定。这有利于确保公司财务稳健、合规，并提高公司的信誉度。

(7) 公司章程可另行对公司的股权激励政策进行详细规定。这有助于根据公司实际情况，设计出更为合适的股权激励方案，进一步激发员工积极性和创新能力。

（六）优先股

优先股是一种特殊类型的股份，通常具有较高的股息。优先股股东在公司分配利润时享有优先权。优先股通常没有投票权或者投票权很有限，因此持有优先股的股东无法控制公司，但他们可以在其他股东之前获得股息分配。优先股的优势在于，它可以让股东在决策中更加有力，同时也可以让股东更加轻松地参与管理，而不必担心受到其他股东的影响。另外，优先股还可以让股东更加有效地参与公司的决策，从而确保公司的长期发展。

下面是公司章程的模板。

公司章程（模板）

一、总则

第一条　公司名称：____________有限公司。

第二条　公司注册地址：____________。（请填写具体地址）

第三条　公司类型：有限责任公司。

第四条　公司宗旨：为股东创造价值，为客户提供优质产品与服务，为员工提供良好发展机会。

第五条　公司经营范围：____________。（请根据具体业务填写）

第六条　公司依照《中华人民共和国公司法》等相关法律法规设立。

二、公司股本及股份

第七条　公司注册资本为人民币____________元。

第八条　公司股份分为普通股，股份面额为人民币1元。

第九条　股东以其认缴出资额认购股份。股份发行与认购应遵循公开、公平、公正的原则。

第十条　股份的转让应遵循法律法规的规定，并经股东大会批准。股东有优先购买权。

第十一条　股东享有以下权利：

1.按照出资比例分享公司利润；

2.参加股东大会，行使表决权；

3.查阅公司章程、财务报表等相关资料；

4.按照出资比例分享公司清算后的剩余财产。

第十二条　股东应承担以下义务：

1.按照认缴出资额支付出资；

2.遵守公司章程；

3.不得侵害公司及其他股东的合法权益。

三、公司组织结构

第十三条　公司设立股东大会。股东大会职权包括：

1.制定和修改公司章程；

2.选举和更换董事、监事；

3.审议董事会报告、监事会报告；

4.审议公司年度财务预算、结算方案；

5.决定公司利润分配、损失补偿方案；

6.决定公司增资、减资、合并、分立、解散等重大事项；

7.其他法律法规规定的股东大会职权事项。

第十四条　股东大会会议应按照法律法规和公司章程的规定召开。股东大会决议应当以普通股股东出席会议的股份所占公司全部普通股份的过半数为有效。

第十五条　公司设立董事会，董事会由3—11名董事组成。董事会行使以下职权：

1.召开股东大会，报告工作；

2.执行股东大会决议；

3.决定公司的经营计划和投资方案；

4.制订公司年度财务预算、结算方案；

5.制订公司利润分配、损失补偿方案；

6.制定公司增资、减资、合并、分立、解散等重大事项的建议；

7.决定公司内部管理机构的设立；

8.招聘或解聘公司总经理，根据总经理的提名招聘或解聘副总经理、财务负责人；

9.制定公司基本管理制度。

10.其他法律法规规定的董事会职权事项。

第十六条　董事会设立董事长1名，副董事长1名。董事长、副董事长由董事会选举产生。董事长为公司法定代表人。

第十七条　公司设立监事会，监事会由3—5名监事组成。监事会行使以下职权：

1.检查公司财务；

2.监督董事、高级管理人员履行职责；

3.要求董事、高级管理人员纠正其损害公司利益的行为；

4.召集股东大会；

5.向股东大会报告工作；

6.其他法律法规规定的监事会职权事项。

第十八条　公司设立总经理，总经理由董事会聘任。总经理负责公司日常经营管理工作，执行董事会决议，向董事会报告工作。

四、利润分配与损失承担

第十九条　公司应当按照法定程序提取法定盈余公积。公司可以提取任意盈余公积。

第二十条　公司的利润分配原则为：合法、合理、稳定。公司分配利润应当优先弥补亏损，提取法定盈余公积，按照公司章程规定的比例分配股东红利。

第二十一条　公司按照股东出资比例分配利润。如公司章程另有规定，从其规定执行。

第二十二条　公司的损失应当由股东按照其出资比例承担。如公司章程另有规定，从其规定执行。

五、公司解散与清算

第二十三条　公司解散的原因包括：

1.股东大会决议解散；

2.合并或分立导致公司解散；

3.公司因破产而解散；

4.公司的营业执照被吊销，或被责令关闭、撤销；

5.法律法规规定的其他解散原因。

第二十四条　公司解散后，应当成立清算组进行清算。清算组应当依法履行清算职责，制定清算报告并报送股东大会审议。

第二十五条　清算组应按照法定顺序清偿债务，公司清算后的剩余财产应当按照股东出资比例进行分配。如公司章程另有规定，从其规定执行。

六、附则

第二十六条　本公司章程自股东大会审议通过之日起生效。

第二十七条　公司章程的修改应当经股东大会决议，并报送工商行政管理部门备案。

第二十八条　本公司章程未尽事宜，适用《中华人民共和国公司法》等相关法律法规。

第二十九条　本公司章程的解释权归公司股东大会。

（公章）

日期：　　年　月　日

注意：本公司章程模板仅供参考，在实际操作中应根据公司的具体情况进行调整。在制定公司章程时，请务必遵循相关法律法规，并寻求专业法律建议。

（七）AB股

AB股是一种股权结构，是指公司发行两种不同的股票，分别为A股和B股。通常，A股由公司内部管理层或机构持有，B股则由公众投资者持有。A股通常具有较高的投票权和控制权，而B股通常没有投票权或者只有极少的投票权。这种结构通常用于保持公司管理层的控制权，同时为公众投资者提供股权投资机会。设置AB股的优势在于，它可以让股东在决策中更加有力，同时也可以让股东更加轻松地参与管理，而不必担心受到其他股东的影响。另外，AB股还可以让股东更加有效地参与公司的决策，从而确保公司的长期发展。

接下来，我们以科创板首个AB股架构——优刻得为例，详细介绍AB股控制模式的要点、股权架构、控制原理等，并对其优势和局限性进行探讨。

优刻得的AB股架构

一、引言

随着互联网行业的不断发展，公司的融资需求日益加大。为了满足公司融资需求，公司在寻求股权融资的过程中，往往面临着股权结构问题。创始人在融资过程中持股比例可能逐步降低，从而影响到公司的控制权。为了解决这一问题，AB股架构应运而生。

二、AB股控制模式的要点

AB股控制模式是一种股权架构，其核心思想是同股不同权。同股不同权是指在同一公司内，股票的投票权和经济权不成比例。这种制度允许创始人和核心团队通过持有较少的股权来保持对公司的控制权，从而在保证公司稳定发展的同时，满足融资需求。

三、AB股控制模式的股权架构

以优刻得为例，其AB股控制模式的股权架构如下。

A股：由优刻得创始人和核心团队持有，享有较高的表决权，每股A股拥有10票表决权。

B股：由投资者持有，享有较低的表决权，每股B股拥有1票表决权。

通过这种股权架构，创始人和核心团队可以在持股比例相对较低的情况下，依然保持对公司的控制权。

四、AB股控制模式的控制原理

1.投票权博弈的核心原理

以优刻得为例，假设创始人和核心团队持有40%的A股，而投资者持有60%的B股。那么，在投票权博弈过程中，创始人和核心团队的实际投票权为：40%×10=400%，而投资者的投票权为60%×1=60%。因此，尽管创始人和核心团队的持股比例较低，但在投票权上仍具有压倒性优势，从而实现对公司的控制。

2.创始人的人格魅力、信誉和执行能力在控制原理中的作用

在AB股控制模式中，创始人和核心团队的人格魅力、信誉和执行能力对于获取投资者的信任至关重要。这些因素可以帮助创始人在持有较少股份的情况下，依然获得投资者的支持，从而保持对公司的控制。

3.法律支持体系在AB股控制模式中的作用

AB股控制模式的实施需要得到相关法律法规的支持。在我国，中国证券监督管理委员会对科创板的相关规定允许同股不同权制度的存在，为AB股控制模式提供了法律保障。

五、补充说明

1.AB股在国内的使用情况和条件

AB股控制模式在我国尚处于起步阶段，主要应用于科创板上市公司。根据相关规定，符合条件的公司可以申请实施同股不同权制度。

2.警惕滥用权力

AB股控制模式虽然为创始人提供了保留控制权的途径，但并非万能。创始人应当在保持公司稳定发展的前提下，谨慎行使权力，避免对公司和股东利益造成损害。

在一些公司中，大股东滥用权力，导致公司战略决策失误、公司治理出现问题，甚至引发股东纷争。这些问题最终可能对公司的发展和市值造成严重损害。

六、结论

AB股控制模式在解决创始人持股比例低、保证控制权方面具有明显优势。然而，这种模式也存在一定的局限性，需要得到法律、市场、股东和公司本身等方面的配合和支持。未来，随着资本市场的发展，AB股控制模式有望在更多领域得到应用，但同时也应关注其潜在风险，遵循市场规律和法律法规，确保公司治理结构的合理性和有效性。

从优刻得的实践来看，AB股控制模式在我国科创板的推广和应用有着积极的意义。随着越来越多的创新型公司选择这一股权架构，资本市场将更加完善，为公司提供更加多元化的融资渠道。

然而，在发展的过程中，我们也应警惕滥用权力、损害投资者利益等潜在问题。各方应共同努力，加强监管，保障投资者权益，推动AB股控制模式健康发展。

总之，AB股控制模式在满足融资需求的同时，有助于保持创始人和核心团队对公司的控制权，为公司发展提供有力保障。然而，我们也应关注其潜

在风险，加强监管，确保公司治理结构的合理性和有效性。只有在法律、市场、股东和公司本身等方面的共同配合和支持下，AB股控制模式才能在未来的发展中更好地发挥其作用，为我国资本市场的繁荣和发展作出贡献。

下面是同股不同权公司章程的模板。

同股不同权公司章程（模板）

第一章　总则

第一条　公司名称：______________股份有限公司（以下简称公司）。

第二条　公司注册地址：____。

第三条　公司的宗旨：遵循国家法律法规，诚信、高效、创新，为股东、员工和社会创造价值。

第二章　股本与股票

第四条　公司股票分为A股和B股。其中，A股享有较高的表决权，每股A股拥有10票表决权；B股享有较低的表决权，每股B股拥有1票表决权。

第五条　创始人和核心团队可持有A股，其余投资者持有B股。

第六条　公司的股本结构应遵循同股不同权的原则，确保创始人和核心团队在持股比例较低的情况下，依然保持对公司的控制权。

第三章　股东大会

第七条　股东大会是公司的最高权力机构，行使公司的重大决策权力。

第八条　股东大会应确保创始人和核心团队在投票权上具有压倒性优势，以维护公司稳定发展。

第四章　董事会与监事会

第九条　公司设董事会，董事会行使公司的日常决策权力。

第十条　公司设监事会，监事会负责监督公司的合法合规经营。

第五章　公司治理与信息披露

第十一条　公司应建立完善的公司治理结构，保证公司治理的合理性和有效性。

第十二条　公司应确保信息披露的真实、完整、准确和及时，保障投资者权益。

第六章　附则

第十三条　本公司章程的修改、解释和实施应符合国家法律法规的要求。

第十四条　本公司章程自董事会决议通过之日起生效。

第十五条　本公司章程由公司董事会负责解释。

注：以上同股不同权公司章程模板仅供参考，在实际操作中应根据公司的具体情况进行调整。在制定章程时，请务必遵循相关法律法规，并寻求专业法律建议。

综合来看，分股不分权是公司制度中的一种常见做法。为了保护不同股东的权益，公司可以采取以上七种方法中的一种或多种。在实际操作中，上述七种分股不分权的方法虽然可以有效帮助控股股东维持对公司的控制权，但也可能存在损害公司和中小股东利益的弊端。因此，相关方法的使用应当受到严格监管和限制。公司应根据自身情况和法律法规的要求，选择合适的方法来平衡不同股东的权益，以确保公司的长期稳定发展。

三、两个合伙人的公司如何分割股权？

（一）两个合伙人的公司分割股权的原则

股权分配是创业团队在公司成立之初必须面临的问题。合理的股权分配能够激励创业团队成员、保持团队稳定，并有利于公司的长期发展。两个合伙人的公司也不例外。两个合伙人的公司在分割股权时应遵循以下几个原则。

1.唯一大股东原则

如果没有大股东，会对创业公司极为不利。没有大股东的公司往往会陷入决策缓慢、无人负责的局面。

2.互补性原则

合伙人在股权分配时，应注意彼此的互补性。例如，某公司的创始人擅长市场营销和战略规划，而其合伙人则拥有扎实的技术背景。两个人分别持有公司的不同比例的股权，共同推动公司发展。

3.区分短期贡献和长期贡献

要注意在股权分配时，区分合伙人的短期贡献和长期贡献。只有对公司有长期贡献，认同基本价值观的人才能获得相应的股份。例如，腾讯公司在成立初期，其创始人就因为各自在公司中的不同贡献，获得了不同比例的股权。

4.退伙条款

为应对可能出现的伙伴退出问题，可以在合伙协议中加入退伙条款。这样在引入新资源或人才时，可以避免因股权分配问题引发纠纷。比如，小米公司在早期就约定了创始团队成员离职时的股权处理方式，以确保公司在成长过程中的稳定。

（二）具体建议与案例

公司分割股权时，会遇到各种问题。为了合理分割股权，现给出如下建议。

1.设立股权激励计划

为了激励团队成员，公司可以设立股权激励计划。例如，某科技公司在早期便设立了股权激励计划，激励员工为公司的长期发展贡献力量。

2.采用动态股权分配制度

动态股权分配制度是指根据合伙人在公司发展过程中的贡献，动态调整其股权比例。例如，谷歌的创始人拉里·佩奇和谢尔盖·布林在公司成立初期就达成协议，根据各自在公司发展过程中的贡献，动态调整彼此的股权比例。

3.分阶段股权分配

在创业初期，合伙人可以采取分阶段股权分配的策略。随着公司的成长，合伙人可以根据各自的贡献和公司发展阶段调整股权比例。例如，Uber创始人特拉维斯·卡兰尼克在公司成立初期与合伙人共同分配股权，后来随着公司的发展，股权比例进行了相应调整。

4.股权与责任分离

在分配股权时，要确保股权与责任分离。合伙人的股权应与其在公司中承担的责任相匹配。例如，亚马逊创始人杰夫·贝索斯在公司成立初期就确保自己作为大股东，同时也承担了公司的主要决策责任。

（三）避免常见的股权分配错误

1.避免平均分配股权

在一些创业团队中，合伙人可能会选择平均分配股权，认为这样能保持团队和谐。然而，这种做法往往会导致后期出现纠纷和困扰。例如，某创业团队四人平分股权，但随着公司的发展，其中两个人的贡献远大于另外两人。在这种情况下，平均分配股权就显得不够公平。

2.忽视公司价值的预期增长

在分配股权时，创业者应考虑到公司未来的价值增长。分配股权时，要留有足够的空间来吸引未来的投资人和优秀人才。例如，Snapchat创始人在创业初期就为未来的投资人和员工预留了一定比例的股权，这为公司后期的发展提供了充足的资源。

3.未考虑退出机制

股权分配时，要考虑到可能的退出机制。创业者应为合伙人制定清晰的退出条款，明确在何种条件下、以何种方式退出。这有助于避免未来可能出现的纠纷。例如，某初创公司在成立时明确了股东退出的条件和程序，当一位股东因个人原因选择退出时，公司得以顺利进行股权调整，避免了纠纷。

（四）具体操作步骤与建议

1.确定股权分配比例

结合创业团队成员的贡献、职责和承担的风险，确定合理的股权分配比例。这一步骤应在公司成立之初进行，以确保团队成员的权益得到保障。

2.制定详细的股权分配协议

为避免后期纠纷，创业团队应在公司成立之初制定详细的股权分配协议。协议应明确股权分配比例、股权激励计划、退出机制等内容。

3.股权分配调整

随着公司的发展，股权分配可能需要进行调整。此时，应根据团队成员的实际贡献、公司发展阶段等因素，调整股权比例。

4.制定长期激励机制

为保持团队稳定，公司应制定长期激励机制，如股权激励计划绩效奖金等。这将有助于激发团队成员的积极性，促进公司发展。

5.保持透明沟通

在股权分配过程中，保持透明沟通至关重要。团队成员之间应充分沟通，确保每个人了解并认同股权分配方案。这有助于避免误解和纠纷，维护团队和谐。

（五）案例分析

·WhatsApp创始团队

WhatsApp创始人布莱恩·阿克顿和简·库姆在公司成立之初，明确了各自的股权比例。后来由于公司快速发展，二人选择引入外部投资者，股权比例发生了变动。然而，由于在股权分配过程中保持了透明沟通，团队关系一直保持稳定。最终，Facebook以190亿美元收购了WhatsApp，双方都获得了丰厚的回报。

·优步创始团队

优步创始团队在股权分配方面，采取了创始人特拉维斯·卡兰尼克持有大部分股权，其他合伙人分配较小股权的策略。随着公司的发展，优步对股权进行了多次调整，引入了投资者和员工股权激励计划。在这个过程中，优步始终保持了透明沟通，确保团队成员对股权分配方案的认同。

通过以上案例可以得出：创业者应时刻关注公司的发展状况，及时进行股权调整，以适应公司发展的需要。

四、三个合伙人的公司如何分割股权？

（一）避免股权分割误区

1.设计股权结构以防止合伙人联合对抗

在分割股权时，需要注意设计股权结构，防止合伙人之间产生联合对抗的可能。例如一家照明品牌公司的创始人与某两个高中同学一起创业，所定的股权比例为4：3：3。由于股权分配的不合理，最后引发了诸多矛盾和三次残酷出局。为避免类似问题，可以采用“A和B合起来占公司70％的股份”的方式，确保A在公司中的话语权。

2.合伙协议的重要性及协议类型

合伙人之间应签署一定的协议，约定规则以避免未来的纠纷。常见的协议包括股东合作协议、同股不同权公司章程、股东退出协议、竞业禁止协议和保密协议等。这些协议有助于明确合伙人的权利和义务，规范公司运营。

（二）三个合伙人的公司股权分割的考虑因素

1.出资比例与股权分配的关系

创业初期，启动资金对公司发展至关重要。出资比例是分割股权时的一个重要依据。例如，一个项目需要500万元启动资金，A出资200万元，B出资100万元。在资源差距不大的情况下，A的股权可能占40％，B的股权可能占20％。

这里大家可以看到，公司股权并不是说按需要的500万元启动资金分割，而是有300万资金就可以按照资金占比2:1分配股权，然后预留40％股权给非现金出资的第三个合伙人或者后续资金方。

2.合伙人的角色、优势和贡献

在分割股权时，还需要考虑合伙人的角色、优势以及在公司发展不同阶段的贡献。合伙人可能在资金、专利、创意、技术、运营和个人品牌等方面有所贡献。在创业不同阶段，合伙人的贡献可能会发生变化，需要综合考量。避免一开始就将股权分配过多，要给未来的股权调整预留空间。以个人品牌为例，一个具有较高知名度的合伙人可能对公司发展有极大的帮助。

3.设计明显的股权架构梯次

为了确保公司的控制权和话语权，合伙人之间的股权分配应该有明显的梯次，如6∶3∶1或7∶2∶1。这样的股权架构有助于体现合伙人的贡献度，从而保证公司稳定发展。

（三）三个合伙人的公司股权分割的具体方法

1.融资预估

在分割股权时，应考虑到公司未来的融资需求。当创业项目最终IPO时，如果CEO能拥有10%的股权，就已经是相当不错的结果。因此，在融资时应适当预估股权分配，避免合伙人在公司发展过程中对股权分配产生不满。

2.预留股权激励

为了吸引优秀人才加入公司，预留一部分股权作为激励非常重要。在招聘过程中，提供股权激励可以吸引更多优秀人才加入团队。

3.为吸收新合伙人预留股权

在公司发展过程中，可能需要吸收新的合伙人。此时，预留一部分股权用于吸收新的合伙人至关重要。这部分预留的股权可以放入股权激励池中，待新的合伙人加入后再分配。

五、多个合伙人的公司如何分割股权？

（一）股权分割的重要性及其影响

合理的股权分割对公司的发展具有重要意义。在创业初期，公司合伙人往往需要投入大量时间、精力和资金，而股权分割可以视为一种激励机制，激发合伙人的积极性和创造力。此外，合理的股权分割还有助于减少合伙人间的纷争，提高公司的决策效率，进而推动公司发展。

（二）具体的股权分割方法

1.平均分配法

以一家初创科技公司为例，由四位创始人共同出资，他们决定采用平均分配法来划分股权。每位创始人所占股份为25%（100%÷4=25%）。这种方式虽然简单易行，但可能导致某些创始人的贡献被低估。

2.按投资额分配法

一家初创健康食品公司有三位合伙人。他们分别投资了30万元、20万元和10万元。按投资额分配法，第一位合伙人占股权50%（30÷60=0.5），第二位合伙人占股权33.33%（20÷60=0.3333），第三位合伙人占股权16.67%（10÷60=0.1667）。这种方法虽然能体现各合伙人的实际投入，但可能忽略了他们在公司运营中的其他贡献。

3.按贡献分配法

在一家软件开发公司中，有三位创始人：甲负责技术开发，乙负责市场营销，丙负责管理和运营。他们按照各自的贡献分配股权，甲获得45%股权，乙获得35%股权，丙获得20%股权。这种方法虽然更加公平，但需要各合伙人对贡献进行量化评估，因此可能存在主观性。

4.动态股权分配法

某初创科技公司采用动态股权分配法，公司成立时，有四位创始人：甲、乙、丙、丁。他们分别持有公司40%、30%、20%、10%的股份。在公司发展过程中，丁的贡献不断增加，因此在第二年进行股权调整，甲、乙、丙、丁的股份变为35%、25%、20%、20%。动态股权分配法能够根据合伙人在公司发展过程中的实际贡献进行调整，以激励合伙人保持积极性。

5.混合分割法

一家初创教育公司有两位创始人：甲和乙。他们决定采用混合分割法进行股权分配。甲负责公司的技术开发，同时投入了80万元；乙负责公司的市场营销，同时投入了40万元。他们首先根据投资额来分配股权，甲占股权66.67%（80÷120=0.6667），乙占股权33.33%（40÷120=0.3333）。然后，他们进一步根据各自的贡献进行调整，最终确定甲占股权60%，乙占股权40%。这种方法将投资额和实际贡献相结合，使股权分配更加合理。

6.创业期权池法

在一家人工智能初创公司中，创始团队有甲、乙、丙三人。他们分别占有公司的60%、30%、10%的股份。为了激励和留住优秀员工，他们设立了一个占公司总股本10%的创业期权池。因此，创始团队的持股比例相应调整为：甲占54%[60%×（1-10%）]，乙占27%[30%×（1-10%）]，丙占9%[10%×（1-10%）]。创业期权池法有助于公司吸引和留住人才，激发员工的创新精神和工作积极性。

7.里程碑法

某初创互联网公司的创始团队有甲、乙、丙三人，他们采用里程碑法进行股权分割。公司成立初期，甲占有50%的股权，乙占有30%的股权，丙占有20%的股权。他们将公司发展划分为若干个阶段，设定了相应的里程碑目标。当公司实现某个里程碑目标后，根据各合伙人在实现目标过程中的贡献进行股权调整。例如，在实现第一个里程碑目标后，甲的股权占比降至45%，乙的股权占比升至35%，而丙的股权占比保持不变。这种方法能够激励合伙人为实现共同目标而努力。

六、总结

股权分割是初创公司发展过程中的重要环节，合理的股权分配有助于激励创始团队和员工提高公司的凝聚力与竞争力。分割方法有多种，每种方法都有其适用场景和优缺点。创始团队在实际操作中可以根据公司的具体情况和发展阶段选择合适的股权分割方法，以实现公司长远发展和稳健增长。创始团队在分割股权时，应充分考虑各合伙人的实际投入、技能、经验、职责等多方面因素，力求做到公平、合理，从而使所有合伙人为公司的共同目标而共同努力。

第五章　合伙人风险与合规化

一、股东退出的风险与预防

随着公司发展，股东退出成为不可避免的现象。股东退出可能会给公司带来很多风险，如资金流动性降低、公司治理结构变化，公司经营方向的不稳定等。为了保证公司稳定发展，降低股东退出的风险，接下来将探讨股东退出的风险和预防措施。

（一）股东退出的风险

1.资金流动性降低

股东退出会导致公司的资金减少，从而影响公司的资金流动性，可能导致公司在面临资金需求时无法及时筹集到资金，进而影响公司的运营和发展。

2.公司治理结构变化

股东退出可能会导致公司治理结构的变化，如股东之间的权力平衡被打破，可能导致公司治理出现问题，影响公司的稳定发展。

3.公司经营方向的不稳定

股东退出可能会导致公司经营方向发生变化，特别是在股东对公司经营具有重要影响力的情况下。公司经营方向的不稳定可能会导致公司发展受到阻碍，进而影响公司的市场竞争力。

（二）预防股东退出风险的措施

1.做好预期管理

公司应该在股东加入时就考虑到股东退出的可能性，并制订相应的应对方案。公司应制订合理的股东退出计划，明确退出条件、退出方式和退出费用等内容。同时，公司应建立健全的股东退出制度，确保公司的稳定发展。

2.发行限制性股权

根据股东的合伙状态、岗位性质、价值投入等因素评估股东的稳定性和潜在退出风险，并据此授予相应的股权。限制性股权是指在特定条件下，股东才能行使其股权，如需要通过时间或具体结果目标来体现。在股东退出时，公司可根据限制性股权的条款实现股权转让。

3.期权分期

期权分期是指在一定时间内，股东可按约定价格购买公司股票。期权分期将股东的退出时间和退出价格等因素分散到多个时间段，减少单一时间点的风险，同时激励股东更积极地参与公司发展。在股东退出时，其可根据期权分期的约定实现股权转让，从而规避一些股东退出可能带来的风险。

期权分期还有一个好处是可以减少公司的财务压力。股东退出时，一次性支付股权价值可能会给公司带来较大的财务压力，而期权分期可以将这种财务压力分散到多个时间段，更好地保护公司的财务稳定性。

4.约定回购机制

股东退出的风险也可以通过约定回购机制进行预防。回购机制是指公司有权在一定条件下回购股份。这种机制可以保证股东退出时有一个确定的退出价格和退出渠道，从而避免因价格争议等问题导致的不必要的纠纷和损失。

回购机制通常包括两个方面的约定：回购价格和回购条件。回购价格一般会约定为市场价格或协商价格。市场价格是指参考当时市场价格或估值来确定回购价格，这种方式比较公平合理。协商价格则是双方协商来确定的价格，一般在合同中规定。

回购条件包括两个方面：时间条件和事项条件。时间条件是指规定股东何时可以要求公司回购其股份，一般会在股东满足一定条件时触发，如退休、病故、离婚等。事项条件则是指股东需要满足一些事项，如未违反公司规定、未侵占公司财产等，才能要求公司回购其股份。

回购机制的优势是可以保证公司管理层对公司的控制权，同时为股东提供一种退出机制，提高了股东的流动性和投资价值，使得公司更具吸引力。

（三）公司与股东的沟通和协作

对于公司而言，应根据自身情况制定合适的预防措施，同时加强对股东的管理和沟通，避免因沟通不畅或信任不足等原因导致的退出风险。

在股权划分方案实施之前，应与公司内部的所有股东和关键干部进行讨论与交流，以确保他们对股权划分方案的理解和支持。此外，应咨询专业的法律和财务顾问，以确保方案符合法律法规和财务标准，并能够实现预期的效果。

为了确保公司的长期发展和稳定，需要仔细考虑股权分割方案。制订公正合理的股权划分方案可以激励股东的参与和贡献，为公司创造更多的价值和回报。在制订股权划分方案时，应考虑以下因素。

1.股东权利

考虑每个股东的权利和责任，以及他们对公司贡献的程度。这有助于确定每个股东应得股权份额，并制定相关的合同和协议。

2.投资回报

考虑每个股东投资的数量和时间，以及公司可能提供的投资回报。这将有助于确定股东的投资回报，并促进投资者的参与。

3.公司治理

考虑公司治理结构，以确保创始人或其他主要股东能够保持控制，并确保其他股东的利益得到保护。

4.员工奖励

考虑为员工提供股权激励计划，以吸引和留住优秀的人才，并为他们提供参与公司增长的机会。

5.股权调整

定期审查和调整股权结构，以适应公司的变化和不断变化的商业环境。

建立良好的沟通机制是减轻股东退出风险的关键。公司应定期召开股东会议，让股东了解公司的运营状况和未来发展计划。同时，公司应建立有效的信息披露制度，确保股东可以及时了解公司的财务状况和重大决策。这样可以增加股东对公司的信任，降低退出的可能性。

（四）股东退出协议

股东退出的风险是公司不可忽视的问题。通过做好预期管理、发行限制性股权、期权分期、约定回购机制等方式，公司可以预防和降低这些风险。同时，加强公司与股东之间的沟通和协作，确保股东对公司的信任和满意度，也有助于降低股东退出风险。

通过以上所述的方式，公司可以更好地应对和预防股东退出带来的风险，从而保障公司的稳定发展，为股东、员工和其他利益相关者创造更大的价值。在公司发展过程中，不断地调整和优化股权结构，以适应公司的变化和不断变化的商业环境，是提升公司核心竞争力的必然要求。

最后，需要强调的是，对股东退出风险的预防和管理是一个持续的过程，公司应根据自身的实际情况，不断地调整和完善相应的制度和措施。在面对股东退出风险时，公司应积极应对，迅速采取措施，以确保公司的长期稳定和发展。同时，公司应不断提升自身的运营水平和管理能力，为股东创造更大的投资价值，降低股东退出的动机。

下面是股东退出协议的模板。

股东退出协议（模板）

本协议（以下简称为“本协议”）由以下双方于____年__月__日签订。

甲方（股东）：
身份证号：
地址：
联系电话：

乙方（公司）：
统一社会信用代码：
地址：

联系电话：

鉴于甲方持有乙方____股，占乙方总股本的____%，现甲方拟将其所持有的乙方股份全部或部分转让给其他股东或第三方，双方为明确股东退出相关事宜，特订立本协议。根据相关法律法规及双方的充分协商，甲乙双方同意并遵守以下条款。

第一条　股权转让

1.甲方同意将其所持有的乙方股份____股（占乙方总股本的____%），全部或部分转让给其他股东或第三方。

1.股权转让的具体细则，包括但不限于转让价格、转让方式等，将根据乙方章程或相关股东协议的规定予以确定。

第二条　转让价格

1.股权转让价格的确定方式为：____________（市场价格、协商价格等）。

2.双方同意，股权转让价格为人民币______元/股，甲方所持股权的总转让价款为人民币________元。

第三条　转让流程

双方同意按照以下流程进行股权转让：

甲方书面通知乙方股东转让意向；

乙方向其他股东或第三方征询意向；

甲乙双方签订本协议；

甲乙双方办理公司工商变更登记手续；

甲方将转让价款支付给乙方或受让方。

第四条　股东权益保障

1.在股权转让完成前，甲方仍享有其股东权益，包括但不限于分红、知情权等。

2.股权转让完成后，甲方不再享有乙方的股东权益，甲方的股东权利和义务自动转移至受让方。

第五条　保密义务

1.本协议的内容，包括但不限于双方的商业秘密、知识产权、技术信息等，均应予以严格保密，未经对方书面同意，任何一方不得向第三方披露。

2.双方在履行本协议过程中所获得的对方的保密信息，不得用于本协议目的之外的任何用途，亦不得用于损害对方的利益。

第六条　违约责任

1.若甲乙任何一方未按照本协议约定履行其义务，造成对方损失的，应承担违约责任，赔偿对方因此产生的全部损失。

2.若甲方未按照本协议约定支付转让价款，乙方有权解除本协议，并要求甲方承担违约责任。

3.若乙方未按照本协议约定协助甲方办理工商变更登记手续，甲方有权解除本协议，并要求乙方承担违约责任。

第七条　争议解决

1.本协议的签订、履行、解释及争议解决均适用中华人民共和国法律。

2.双方在本协议履行过程中发生争议，应首先友好协商解决；若协商不成，任何一方均有权向有管辖权的人民法院提起诉讼。

第八条　其他事项

1.本协议一式两份，甲乙双方各执一份，具有同等法律效力。

2.本协议自双方签字（或盖章）之日起生效，至股权转让手续办理完毕并完成支付股权转让款项之日终止。

甲方（股东）：　　　　　　　　　　乙方（公司）：

（签名/盖章）　　　　　　　　　　（签名/盖章）

年　月　日　　　　　　　　　　年　月　日

注：本模板仅供参考，在实际操作中应根据公司章程、股东协议和相关法律法规进行调整。在签订正式协议之前，并寻求专业法律建议。

以上的情况我们都只讨论了单个股东的退出，如果有大量的股东退出，或者因为经营不善导致公司破产，那我们就要面对另一个问题——公司注销。

二、公司注销的相关事宜

在现代社会中，公司作为一个独立的法人实体，承担着各种经济和法律责任。然而，由于各种原因，有时公司可能无法继续经营，这时就需要进行公司注销。如果公司不按规定办理注销手续，法人股东将面临一系列的法律风险和负面影响。本部分将详细介绍公司不注销的危害、注销流程以及如何处理异常公司注销的问题。

（一）公司不注销的危害

（1）法律责任的追究：未注销的公司可能因为财产不足以清偿债务而被债权人申请追加责任人。这意味着公司的债务可能会转嫁到股东、出资人等责任人身上。如果这些责任人在未按法定程序注销的情况下被追加，他们可能需要承担未清偿债务的连带责任，这会给公司和个人带来沉重的经济压力。

（2）信用记录受损：公司未按时注销可能导致其被列入市场监管部门的黑名单。这意味着公司在各种商务往来中会受到更加严格的审核，银行、合作伙伴等都会对其持有保留态度。公司法定代表人的个人信用记录也会受到影响，可能会造成贷款、租房、出国等方面的不便甚至被拒绝。

（3）罚款和处罚：公司长期不申报税收或未按规定进行注销，可能会被税务部门处以罚款，罚款金额通常在2000元至10000元之间。此外，公司还可能被列入工商信用网的经营异常名录，这将影响到公司正常的业务操作，如无法办理银行开户、无法进驻商城等。

（4）个人权益受限：公司未注销会限制法人代表的一系列个人权益。法人代表可能无法贷款购房，这会影响到个人的资产积累和生活水平。同时，无

法办理移民手续也可能让个人面临出行和生活层面的限制，而不能领取养老保险则会影响到退休后的经济保障。

（5）公司运营受限：公司长期不申报税收或未按时注销，可能会面临税务部门的监督检查，甚至可能会出现税务部门上门查账的情况。此外，发票被锁机也会影响到正常经营，从而对公司的业务运营产生严重影响。

（6）财产处置困难：公司未按时进行清算和注销，可能导致公司财产无法清偿债务。这将使得公司财产处置变得异常困难，可能需要通过拍卖、变卖等方式来弥补债务，从而承担更大的经济损失。

（7）失去市场竞争力：长期不经营或未按规定注销的公司会失去市场竞争力。合作伙伴和客户可能会因公司经营不善或不合规而选择其他合作伙伴，导致市场份额的丧失。

（8）法律诉讼风险增加：未注销的公司存在财务问题和法律风险，容易成为债权人、合作伙伴等的诉讼对象。面对法律诉讼，公司将需要承担更多的法律费用和时间成本。

（9）声誉受损：长期未注销的公司可能被视为不诚信、不合规的经营主体，导致声誉受损。这将影响到公司的品牌形象和客户信任，进一步影响业务的开展。

（10）无法解散风险：如果公司未按规定进行注销，即使公司不再经营，法律责任仍然存在。这意味着即使想要解散公司，也会面临一系列烦琐的法律程序和经济压力。

综上所述，未按时注销的公司将面临严重的法律、经济和个人权益等方面的危害。为了避免这些潜在问题，企业应严格遵守相关法规，按照法定程序办理公司的注销手续，确保公司在合法清算后能够安全顺利地退出市场，避免带来长期的不良后果。

（二）公司注销的流程

为了避免上述危害，公司应当按照规定办理注销流程。一般来说，公司注销流程包括以下几个步骤。

（1）召开董事会或股东会议，决定公司注销事宜，并形成书面决议。

（2）设立清算组，对公司的财产、债权和债务进行清算。在清算过程中，应当依法履行公告和告知义务。

（3）清算组完成清算后，编制清算报告、财务报表和资产清单，报送董事会或股东会审议通过。

（4）向工商部门申请办理注销登记，提交相关材料，如公司章程、营业执照、税务登记证等。经工商部门审核后，公司将被注销。

（5）注销后，将注销公告在指定媒体上刊登，通知社会公众。

（6）向税务部门办理税务注销手续，提交公司税务登记证、财务报表等材料，经税务部门审核后，办理税务注销手续。

（7）撤销公司银行账户，解除公司法人资格。

（三）如何处理异常公司注销

如果公司在办理注销的过程中存在异常问题，可以采取以下措施进行处理。

（1）尽快召开董事会或股东会议，决定办理公司注销事宜。

（2）向工商部门提交书面解释，说明公司未按时办理注销的原因，请求予以处理。

（3）根据工商部门的要求，补充提交相关材料，如公司章程、营业执照、税务登记证等。

（4）按照正常注销流程办理清算、税务注销等手续。

（5）可寻求专业律师、会计师等第三方机构的帮助，确保公司注销手续办理得当，尽快解决异常公司注销问题。

总之，公司在无法继续经营的情况下，应当尽快办理注销手续，以免给公司和法人股东带来严重的法律风险和负面影响。注销公司需要遵循相应的法律规定和流程，确保公司财产、债权和债务得到妥善处理。如果公司已经出现了上述问题，应积极与相关部门沟通，争取尽快完成异常公司注销，以免对法人股东的权益造成进一步损害。在公司注销过程中，可寻求专业律师、会计师等第三方机构的帮助，确保手续办理得当，迅速解决异常公司注销问题。

切记，不管是注销还是经营都要按照《中华人民共和国公司法》的要求和合法合规经营。

三、非货币出资的相关事宜

非货币出资作为一种多元化的出资方式，在为公司带来更多机遇的同时，也伴随着一定的风险。公司和股东应充分认识这些风险，并采取相应的应对策略，以最大限度地发挥非货币出资的优势，为公司的长远发展助力。

（一）非货币出资的优势与劣势

1.优势

（1）资本优化：非货币出资方式可以有效整合现有资源，避免资金闲置，提高资本利用效率。

（2）拓宽融资渠道：非货币出资为公司提供了更多的融资选择，有利于降低公司融资成本。

（3）促进技术创新：知识产权作为出资形式，可以激励股东投入更多的创新资源，推动公司技术进步。

2.劣势

（1）评估难度大：非货币出资的价值很难准确评估，容易导致资产被高估或低估，影响公司股权结构。

（2）流动性差：相较于货币出资，非货币出资的流动性较差，增加了公司经营的风险。

（3）权属纠纷：非货币出资可能涉及知识产权、土地等权属问题，容易引发纠纷。

（二）股东面临的风险与应承担的责任

1.面临的风险

（1）价值风险：由于非货币出资的价值难以评估，股东可能面临出资价值与实际价值不符的风险。

（2）回收风险：非货币出资的流动性较差，股东在公司解散或退出时可能面临资产回收困难的风险。

（3）法律风险：非货币出资涉及的权属问题可能导致法律纠纷，给股东带来法律责任和经济损失。

2.应承担的责任

当非货币出资的价值被高估以完成实缴出资时，可能会给公司和股东带来潜在的法律风险与经济损失。在这种情况下，所有股东应承担以下责任。

（1）补足差额：如果非货币出资的价值被发现高估，股东应按照公司法或公司章程的规定补足出资差额，以确保公司的资本结构符合法律要求。

（2）承担损失：如果高估非货币出资的价值导致公司承担损失，如纠纷、罚款等，所有股东应按照公司法规定及公司章程承担相应的损失。

（3）承担法律责任：如果高估非货币出资的价值涉及违法行为，如虚假陈述、欺诈等，股东可能需要承担相应的法律责任。

（4）信誉风险：高估非货币出资的价值可能对公司及股东的信誉造成损害，影响公司发展及市场竞争力。股东应在发现问题后立即采取措施，修复信誉损失。

（5）内部管理责任：如果公司管理层参与或默许高估非货币出资的价值，股东应督促管理层承担相应责任，完善内部管理制度，避免类似问题再次发生。

为了规避这些风险和减轻应承担的责任，股东应在非货币出资过程中严格遵循法律法规，对知识产权价值进行准确、公允的评估，并在公司章程或股东协议中明确相关权责。这将有助于降低高估非货币出资价值带来的风险，保障公司和股东的合法权益。

（三）应对策略

（1）加强资产评估：公司应聘请专业评估机构，对非货币出资进行准确、公允的评估，确保资产价值与实际价值相符。

（2）明确权属：在非货币出资前，公司和股东应充分了解相关法律法规，确保权属明晰，避免产生纠纷。

（3）制定风险防范措施：公司应制定完善的风险防范措施，对于非货币出资的流动性问题，尽量寻求其他资金来源以降低风险。

（4）签订详尽的合同：在非货币出资过程中，各方应签订详尽的合同，明确各方权责，以降低法律风险。

（5）合理安排退出机制：在公司章程或股东协议中明确非货币出资股东的退出机制，以保障其权益。

四、公司章程的风险与合规

公司章程既是一种重要的权利机制，也是一种权利授予与救济机制。公司章程制定得不合法、不全面容易有风险。公司章程的任务是结合本公司的特点，将公司法中的一般规定予以细化，并在不违反法律、行政法规的前提下，利用公司法中的一些授权性规范，有针对性地作出具体规定，成为本公司组织和经营活动的自治规则。为了降低甚至避免公司章程制定不当带来的风险，了解防范公司章程的风险防范是必需的。以下为防范公司章程风险的方法。

（一）公司章程的制定要与公司治理有机结合

在公司组织机构的选择上，公司法将许多关于公司治理的事项都赋予公司章程进行自治，如公司法定代表人的确定，董事长、副董事长的产生办法等。公司可根据实际情况选择适合自身的公司治理结构。

在公司组织结构的职权、职责和义务界定上，公司法允许公司根据自身特点，在公司章程中对组织机构的职权和职责进行详细的规定。如股东会、董事会、监事会职权的规定中都允许公司章程规定的其他的职权。

在公司组织机构的运转上，公司法给予了章程更大的自主性与自治空间。如规定股东会议的表决权可由公司章程另行规定，股东会、董事会和监事会的议事方式与表决程序，除公司法另有规定的外，都可以由公司章程规定。

（二）不要滥用公司章程的自治原则

尽管公司法加强了公司章程的自治程度，但无论是制定或修改公司章程都不得违反公司法等法律、法规的强制性规定。

（三）典型案例

·腾讯控股。2018年，腾讯控股宣布修改公司章程，引入管理层持股计划，调整董事会结构。修改后的章程规定，公司股份分为A类股和B类股。A类股每股享有1票投票权，B类股每股享有10票投票权。B类股持有人包括公司创始人、主要股东和管理层。此举旨在加强管理层的控制权，确保公司的稳定发展。

腾讯控股的公司章程修改案例说明了公司如何通过引入AB股制度来保持管理层的控制权。然而，这种制度也可能引发一定的争议，因为它可能导致股东权益受损。因此，公司需要权衡利弊，确保公司章程的修改既能保持管理层的控制权，又能充分保护其他股东的权益。

·阿里巴巴集团。2013年，阿里巴巴集团在美国纽约证券交易所上市。对此，阿里巴巴集团采用了一种特殊的公司治理结构，即合伙人制度，该制度允许公司创始人和高管团队在董事会上拥有较大的话语权。

在该制度下，公司的股份分为普通股和优先股。普通股持有人每股享有1票，而优先股持有人每股享有较多的投票权。阿里巴巴的创始人和高管团队通过持有优先股来保持对公司的控制权，同时确保公司的稳定和长期发展。

在分析了腾讯和阿里巴巴的公司章程修改案例之后，我们需要补充说明一下近年来相关法律法规的变化。对于公司章程中涉及的AB股制度，以往这种结构可能会影响公司在国内市场的上市，但随着法律法规的不断完善和市场需求的变化，现在国内的监管部门已经开始允许和支持这种股权结构。

2018年9月，根据《国务院关于推动创新创业高质量发展打造“双创”升级版的意见》（国发〔2018〕32号）第二十六条，国家支持那些发展潜力好但尚未盈利的创新型企业上市或在新三板、区域性股权市场挂牌。此外，该条款还鼓励科技型中小企业及创业投资企业发债融资，稳步扩大创新创业债试点规模，同时也支持那些符合条件的企业发行“双创”专项债务融资工具。为了进一步拓宽小微企业和创新创业者的融资渠道，该文件还提出了推动完善公司法等法律法规和资本市场相关规则，允许科技企业实行“同股不同权”治理结构。各有关部门则按照职责进行相应的实施和监管。

2020年1月20日，这些政策在具体实践中得到了显著的反映。优刻得科技股份有限公司（代号：688158.SH）在上海证券交易所正式挂牌上市，不仅成为科创板的第75家上市公司，更是中国公有云行业中的翘楚。但值得特别关注的是，优刻得在其上市过程中首次引入了表决权差异安排设计，即所谓的“AB股”。这意味着，优刻得已经成为A股市场上第一个真正实现同股不同权股权架构的公司，为整个市场树立了一个崭新的标杆。

值得一提的是，尽管现行法律法规已经对AB股制度给予了一定程度的支持和允许，但公司在实际操作中仍需谨慎对待。在引入AB股制度时，公司需要充分评估相关风险，并确保章程修改符合《国务院关于推动创新创业高质量发展打造“双创”升级版的意见》等法律法规和政策的要求。此外，公司还需注意保护其他股东的权益，避免因AB股制度引发的争议对公司的声誉和发展造成负面影响。

在法律法规日益完善的背景下，AB股制度已成为国内公司在公司章程设计中的一种可行选择。然而，公司在实际操作中仍需充分考虑法律法规的要求和其他股东的权益，以确保公司的长期发展和稳健运营。

五、税务风险与税务筹划

（一）税务筹划的概念

税务筹划是指公司在遵循税收法律法规、政策和规定的基础上，通过分析和研究税收政策、税率、税收优惠措施等方面的信息，制定合理、合法、有效的策略和措施，以达到合理避税、优化税收负担、降低税务风险、提高公司经营效益和竞争力的目的。

税务筹划应注重遵循合法性、合理性和透明性原则，确保公司在税收管理过程中规避潜在税务风险。

（二）公司需要面对的税负类别

公司需要缴纳的税费因所在国家、地区、行业以及公司规模等因素而异。以下是我国常见的公司税负。

（1）企业所得税：通常是根据企业的应纳税所得额来计算的。不同国家的企业所得税率不同。

（2）增值税：适用于销售货物和提供服务的公司。增值税的计税依据是商品（含应税劳务）在流转过程中产生的增值额，按照国家制定的税率征收。

（3）印花税：适用于合同、票据、股票等文件的签订、转让和支付过程中，根据印花税法规定的标准和税率征收。

（4）城镇土地使用税：适用于在城市、县城、建制镇、工矿区范围内使用土地的单位和个人，是以实际占用的土地面积为计税依据，按照规定的税额计算征收的一种税。

（5）城市维护建设税：适用于在我国境内缴纳增值税、消费税的单位和个人，按照税法规定的比例征收。

（6）环境保护税：适用于我国直接向环境排放应税污染物的公司，按照排放应税污染物的量和应税污染物的类型征收。

除了上述税种，还有一些特定的行业和地区会征收其他的税费。而公司用工过程还要考虑个人所得税。

(7) 个人所得税：是指个人从各种来源获得收入后应纳税的一种税种。个人所得税是根据个人的收入额和税率计算的，通常税率越高，应缴纳的个人所得税也就越高。

在许多国家，个人所得税是政府的主要税收来源之一。个人所得税适用于个人工资、奖金、股息、利息、房地产租金等各种来源的收入。在一些国家，个人还可以享受一定的税收减免和抵扣。

表5－1为不同类型公司的总结。

表5-1　不同类型公司的总结

类型	个体工商户	个人独资公司	合伙公司	有限责任公司
法律地位	非法人	自然人	非法人	法人
成立条件	以个人或家庭作为投资者	投资者必须是有且仅有一个自然人	需要2个或以上的合伙人以出资证明书证明股东出资份额，不能发行股票、不能公开募股，财务不必公开	出资证明书证明股东出资份额
投资者责任	对负债承担无限连带责任	对负债承担无限连带责任	普通合伙人对公司债务承担无限连带责任，有限合伙人根据合伙协议规定对负债承担有限责任	对公司债务以出资额为限承担有限责任
适用法律	《促进个体工商户发展条例》	《中华人民共和国个人独资企业法》	《中华人民共和国合伙企业法》	《中华人民共和国公司法》
所得税	生产经营所得税	生产经营所得税	生产经营所得税	企业所得税

(三) 公司税务风险

公司税务风险是指公司在税务管理过程中可能出现的各种风险和隐患，包括税务法规不合规、税务操作不规范、会计核算不准确、税务审查不通过等。这些风险可能会导致公司面临罚款、税务争议、信用风险等后果，严重的甚至可能导致公司破产。以下是公司税务风险的具体情形。

（1）税务合规风险：公司没有按照税收法规的要求履行纳税义务，如没有正确申报、缴纳税款等，从而导致税务合规风险。

（2）税务处理不规范：公司在纳税过程中未遵守税务管理规定，如未及时办理税务登记、未按期申报纳税、未按规定保存税务资料等，也可能引发税务风险。

（3）税务核算错误：公司在会计核算中存在错误或疏漏，导致公司纳税基础计算不准确，从而引发税务风险。

（4）偷税漏税风险：公司通过各种手段逃避或减少纳税，如虚开发票、少报销项等。如果被税务机关查出，将会受到严厉的处罚。

（5）税务争议风险：公司与税务机关之间在纳税方面存在的不同意见或争议，如税务调查、税务复议、税务诉讼等，都可能带来税务风险。

（6）税务执法风险：公司在税务管理中可能会被税务机关进行执法检查或审计，如果被发现违法行为，将会受到罚款或其他处罚。

（7）税务稽查风险：税务机关可以对公司进行不定期的稽查，如果公司的纳税资料存在问题或漏洞，将会面临税务风险。

（8）税务罚款风险：如果公司未按规定时间申报或缴纳税款，将会受到罚款，罚款数额根据不同情况而定，这也是公司税务风险的一种表现。

（9）税务信用风险：公司如果多次出现税务问题，将会影响其税务信用评价，从而影响公司的信誉和业务拓展。

（10）税务变化风险：税务法规和政策变化频繁，公司需要不断了解和适应这些变化，否则可能因为缺乏了解而存在税务风险。公司应该加强对税收法规的学习和了解，及时调整自身纳税策略，降低税务风险的发生概率。

综上所述，公司税务风险是一个复杂的系统性问题，需要公司在税务管理过程中始终保持高度的警惕性和注意，加强税务风险管理和控制，规避风险，确保公司在合规纳税的同时，实现经济效益的最大化。

在公司合伙过程中和股权激励、顶层设计等方面可能涉及的税务风险就更加普遍了，具体表现在以下方面。

（1）合伙公司类型选择风险：公司在选择合伙公司类型时，需要考虑其税务风险，如有限合伙公司可能存在无限责任问题，这也将影响个人所得税的纳税义务。

（2）合伙协议风险：合伙协议是合伙公司的重要法律文件，需要考虑税务规定的相关要求，如分配利润的比例、税收筹划等。

（3）合伙人税务风险：合伙人需要在纳税时按照税法规定进行纳税，而合伙协议中的利润分配方式可能会影响到其个人所得税的纳税义务。

（4）股权激励税务风险：公司通过股权激励吸引和留住人才，但股权激励也会带来税务风险，如股票期权的税务处理、股票转让所得的税收问题等。

（5）股权结构调整风险：公司进行股权结构调整时，需要考虑相关税务风险，如股份转让的资本利得税、重组的企业所得税等。

（6）税务筹划风险：公司在税务筹划时，需要遵守税法规定，如不能利用关联方之间的交易来逃避纳税义务，否则将会面临税务风险。

（7）投资回报税务风险：公司在投资回报时，需要考虑相关的税务风险，如分红税、股息税等。

（8）税务审查风险：公司可能会面临税务机关的审查，如合伙公司分配利润的税务处理、股权激励的税务处理等，需要注意相关税务风险。

（9）税务协调风险：公司在合伙过程中，可能会涉及多个地区的税收问题，需要协调处理，否则会面临跨境税务风险。

（10）遗产税风险：公司的合伙人或股东可能会涉及遗产税风险，如个人的遗产超过一定数额时需要缴纳遗产税，需要考虑遗产规划等问题。

需要注意的是，不同国家和地区的税法规定不同，因此上述税务风险可能会因地区而异。公司在进行合伙过程、股权激励和顶层设计等活动时，应当了解相关的税法规定并寻求专业的税务意见，以降低税务风险。

（四）税务筹划

如前所述，公司在日常经营活动中需要注意税务风险的防范和控制，以保障公司的可持续发展。而税务筹划则是公司在合法合规的前提下，通过巧妙运用税收优惠政策、减税降负政策等手段来优化税务筹划，降低税务风险。

常见的税务筹划方法如下。

（1）合理利用税收优惠政策：政府在税收政策上已为某些行业和公司提供了一些优惠政策，例如减免税收、税收抵扣等。公司可以通过了解这些政策并合理利用它们来降低税负。

（2）跨国公司间的转移定价：跨国公司在各国之间进行业务活动时，可以通过内部交易来调整利润和税负。公司可以利用这种转移定价来实现税务优惠。

（3）利用税务管辖权和税收协定：公司可以选择将其利润转移到税率较低的国家，从而降低税负。同时，利用国际税收协定，可以避免双重征税和减少税务纠纷。

（4）合理使用税务递延：公司可以通过推迟纳税时间、折旧和摊销等方式来减少当前年度的税负。这种方法可以为公司提供更多的现金流。

（5）普及员工股票期权：公司可以将部分员工薪酬以股票期权的形式支付，从而减少现金薪酬支出。这种方法还可以激励员工的工作积极性和忠诚度。

那么，具体实践中一家公司应如何进行税务筹划呢？一家公司进行税务筹划时，成本和利润往往是第一位考虑的。下面介绍几种常见的税收筹划策略。

（五）股东分红设计

在股权设计方面，公司可以通过合理设置公司的分红政策、降低股东分红所需要缴纳的税费，从而提高股东的收益，同时吸引更多的投资者参与公司的股权投资。

1.设计的原因

股东分红的股权设计在实践中有其独特的优势。首先，这种设计可以通过提高股东的收益，提高他们对公司的投资积极性和参与度。其次，这种设计可以减少股东因分红所缴纳的税费而减少的收益，从而使得公司的股票更具吸引力，进而提升公司的市值。

2.设计的法律条文支持

在法律层面上，股东分红的股权设计是被允许的，并且可以受到法律的保护。例如，我国法律规定，个人股东从上市公司取得的分红可以减半征税。因此，公司可以通过降低分红税率的方式来吸引更多的投资者参与公司的股权投资。

3.设计的思路

股东分红的股权设计的思路是，通过在公司的分红政策中合理设置分红方式、金额以及分配比例等因素，来降低股东分红所需要缴纳的税费，从而提高股东的收益。

具体而言，可以采用以下几种方式。

(1) 将公司利润以股息的形式分配给股东，而不是以薪资或其他形式向员工发放。这样可以减少员工所需要缴纳的税费，同时也可以降低公司的税负。

(2) 通过增加公司的可再投资利润，降低分红的金额，从而降低股东所需要缴纳的税费。

(3) 合理设置公司的股票期权，以便股东可以获得更多的收益，而不必承担更高的税费。

美国苹果公司的股东分红的股权设计是一种非常成功的实践案例。苹果公司在分红政策上采取了以下几种措施。

(1)将公司的利润以股息的形式分配给股东，而不是以薪资或其他形式向员工发放。

(2)在2018年，苹果公司宣布将其分红政策调整为每季度每股支付0.73美元的现金股息和股票回购计划，这使得公司的股东可以享受到更多的收益，而且不必承担更高的税费。

(3)苹果公司通过向员工发放股票期权来激励员工的积极性，并通过设定合理的期权价格和行权时间来使得员工可以获得更多的收益，而不必承担更高的税费。

4.实践中的注意事项

在实践中，股东分红的股权设计需要注意以下几点。

(1) 充分考虑公司的财务状况和股东的利益，确保设计的分红政策合理可行，并且不会对公司的经营和股东的利益造成不良影响。

(2) 确保公司的分红政策合法合规，并且不会违反任何相关法律法规。

(3) 注意市场的反映和投资者的反馈，及时调整分红政策，以满足市场需求和投资者的期望。

(六) 有限合伙架构设计

相比于传统的普通合伙制度，有限合伙架构在税负方面具有很多优势。

1.设计的原因

有限合伙架构设计旨在为公司提供更灵活的管理结构，同时可以减轻个人责任和税负。通过分割权责，有限合伙架构使得普通合伙人可以全权管理公司，而有限合伙人则只需要出资金。由此，有限合伙人的责任可以限制在其出资金的数额内，而不用承担管理和经营业务的风险，这一点是普通合伙人无法做到的。同时，由于有限合伙人不参与业务决策，也不参与利润分配的决策，所以他们的个人所得税负也更低。

2.设计的法律条文支持

有限合伙架构的法律支持来自《中华人民共和国合伙企业法》。其中规定了有限合伙架构的管理和运营方式，同时规定了有限合伙人和普通合伙人的权责。在税收方面，《中华人民共和国企业所得税法》也为有限合伙架构提供了税收优惠政策。

3.设计的思路

有限合伙架构设计的思路是将普通合伙人和有限合伙人的责任与收益分割开来，使得有限合伙人只需要出资金，而不承担管理和经营业务的风险。同时，有限合伙人的个人所得税负也更低。普通合伙人则可以全权管理公司，并承担无限责任。

某公司在成立之初，拥有两个创始人，一个创始人具备技术能力，负责技术研发和产品设计；另一个创始人具备管理能力，负责公司的运营管理。为了分割权责和降低风险，他们选择了有限合伙架构。其中，具备技术能力的创始人成为有限合伙人，出资金并参与技术研发和产品设计；而具备管理能力的创始人成为普通合伙人，全权管理公司，承担无限责任。

4.实践中的注意事项

在实践中，有限合伙架构需要注意以下几点。

(1) 合伙协议：为了避免合伙人之间的纠纷，需要制定合伙协议，明确各方的权利和义务。

(2) 公司注册：有限合伙架构需要进行公司注册，并在营业执照上明确注明普通合伙人和有限合伙人的身份与责任。

(3) 税务申报：有限合伙架构在税务申报方面需要按照相关规定进行申报，以获得相关税收优惠政策。

(4) 风险控制：虽然有限合伙人的个人责任被限制在其出资金的数额内，但普通合伙人仍然需要承担无限责任，因此需要进行风险控制。

此外，有限合伙架构的税收优惠政策还需要考虑到不同国家和地区的不同立法与政策环境。有些国家和地区会提供税收优惠政策，以吸引更多的公司和投资者来设立公司并进行投资。例如，一些国家和地区能为公司提供低税率与其他税收优惠政策，被视为所谓的“税收洼地”，吸引了大量的跨国公司和高净值人士。

然而，在选择这些“税收洼地”时，公司和投资者也需要注意相关的法律和监管环境，以确保自身的合法性和合规性。例如，一些“税收洼地”可能存在逃税或避税的嫌疑，或者存在监管缺失或不严格的情况。因此，公司和投资者应该进行充分的尽职调查和风险评估，以避免陷入违法、违规等不利的境地。

综上所述，有限合伙架构在税负方面具有很多优势，但在实践中需要注意相关的法律和政策环境，进行充分的尽职调查和风险评估，以确保自身的合法性和合规性。

（七）自然人架构设计

1.设计的原因

自然人持股架构是指公司的股权直接由个人（自然人）持有，而不是通过其他公司或法人实体持有。这种架构方式常见于初创型企业，其优点主要体现在以下几点。

（1）简单明了：相较于复杂的法人持股架构，自然人持股方式结构简单，容易理解。股东之间的权益关系、利益分配等方面都相对直观。

（2）决策高效：由于股东是直接的个人，而非多层次的公司或组织，决策过程往往更加迅速和高效。

（3）税务简化：在某些税务制度下，自然人持股可能享有更为简单的税务处理方式，降低税务筹划的复杂性。

（4）透明度高：自然人持股方式可以提高公司的治理透明度，使外部投资者、债权人等更容易了解公司的真实控制权和风险。

（5）资本增减更灵活：由于结构简单，当公司需要增资或减资时，操作流程往往更加便捷。

（6）有助于建立公司文化：当公司的核心成员或创始团队为主要股东时，他们通常会更加关注公司的长期发展和公司文化的培养。

（7）降低复杂的合规风险：对于那些需要遵循严格合规要求的行业或市场，自然人持股架构可能有助于简化合规流程和降低风险。

2.设计的法律条文支持

《中华人民共和国个人所得税法》第三条规定：

“个人所得税的税率：

“（一）综合所得，适用百分之三至百分之四十五的超额累进税率（税率表附后）；

“（二）经营所得，适用百分之五至百分之三十五的超额累进税率（税率表附后）；

“（3）利息、股息、红利所得，财产租赁所得，财产转让所得和偶然所得，适用比例税率，税率为百分之二十。”

3.设计的思路

自然人持股设计涉及个体和公司的权益分配、税务规划、公司治理结构等多个方面。正确的股权设计有助于激励员工、吸引投资、减少税务负担和保护股东权益。以下是一些基本的思路和建议。

（1）目标明确：首先要确定设计股权结构的主要目标，是不是激励核心团队、吸引外部投资、税务优化或其他目的。

（2）股权激励：对于初创公司或成长型公司，通过设立股权激励计划（如员工股票期权计划）鼓励员工积极参与公司发展，提高员工的工作积极性。

（3）考虑税务：不同的股权结构可能会导致不同的税务后果。在设计时，需要结合税务专家的意见，避免不必要的税务负担。

下面来看一个例子。

A公司的创始团队为：张三，首席执行官，负责公司的总体策略和运营；李四，首席技术官，主导公司的技术开发和产品设计；王五，首席市场官，负责市场推广和客户关系管理。

A公司的股权结构分别为：张三，40%；李四，30%；王五，20%；员工股票期权池，10%（预留给未来核心员工和潜在投资者）。

假设在某一时间点，A公司取得了良好的发展，并有机会进行股份的出售，那么关于股权转让个人所得税，根据我国的税收政策，如果张三、李四和王五决定出售部分或全部的股权，他们需要为股权转让支付20%的个人所得税。所应纳税额为转让所得额减去原始股权成本，然后乘以20%。

4.实践中的注意事项

具体实践自然人架构时，需要注意以下几个方面。

（1）股权转让应当遵循相关法律法规的规定，比如，应当进行公示等程序。

（2）自然人是否真实拥有公司股权。如果公司股权实际上仍由公司或其他非自然人所持有，那么自然人架构就没有实质意义，也存在一定的法律风险。

（3）自然人架构是否符合相关法律法规的规定。比如，自然人架构是否符合《中华人民共和国企业所得税法》的规定等。

（4）自然人架构是否符合商业合理性原则。公司应当遵循商业合理性原则，不得利用自然人架构来规避税务风险。

综上所述，自然人架构是一种有效降低公司税负的方式，但需要遵循相关法律法规的规定。

（八）控股公司架构设计

控股公司架构是一种常见的公司组织结构，其目的是通过掌控多家子公司来实现资本集中、资源共享、风险控制等优势。除了商业上的考虑之外，控股公司架构还具有税务优势。

1.设计的原因

控股公司架构的税务优势主要来自子公司间的关联交易。在一个控股公司架构下，子公司之间可能会进行各种形式的关联交易，如商品销售、服务提供、资本投资等。这些交易的价格、费率、利率等都会影响公司的盈利和税负。因此，通过优化关联交易的税务结构，可以实现税务筹划的目的。

2.设计的法律条文支持

控股公司架构在法律层面得到了明确的支持和规范。这体现在企业经营中，尤其在涉及子公司之间的交易时。虽然具体法律条文不再赘述，但可以肯定的是，法律体系对于控股公司的运作提供了指导和监管。

在现实经营中，如果一个控股公司构建了多个子公司，子公司之间难免会存在各种交易，包括资源共享、资金往来等。这就涉及关联交易的问题。控股公司架构下的关联交易，需要遵循市场原则，确保交易的公平、公正、公开，以维护各方的权益。

例如，子公司之间进行产品销售或资源转移，交易价格应当反映市场价值，避免价格虚高或虚低，以确保企业所得税的准确计算。如果交易价格与市场价值不符，税务部门有权进行调整，以保障税收公平。

这种法律支持使得控股公司架构在商业运作中更具有稳定性和合规性。在子公司间的交易中，合法合规的原则得以强调，以维护税收秩序和市场竞争的公平性。因此，控股公司架构不仅在商业上有利可图，而且在法律上得到了明确的支持，使其合法运作更具可行性和稳定性。

3.设计的思路

控股公司架构的税务设计需要考虑多个方面。首先，要确定每家子公司的主要业务和盈利来源，以便有针对性地进行税务筹划。其次，要评估每家子公司之间的关联交易，并确定交易的合理性和合规性。最后，要根据税法规定和市场原则，设计适合的税务结构，包括税务筹划、税务协议等。

4.适用情形

控股公司架构的税务优势取决于具体情况。一般来说，控股公司架构适用于具有以下特点的公司。

(1) 业务多元化：控股公司架构适用于业务范围广泛、业务关联度高的公司。这样可以发挥资源共享、成本节约等优势。

(2) 跨国经营：控股公司架构适用于跨国公司，可以通过跨境税务筹划等方式降低整个公司的全球税负。

(3) 集中管理：控股公司架构适用于需要集中管理的公司，可以通过掌控多个子公司来实现集中决策、资源调配等优势。

(4) 风险控制：控股公司架构适用于需要进行风险控制的公司，可以通过分散风险、隔离风险等方式降低公司的整体风险。

5.实践中的注意事项

在实践中，控股公司架构设计需要注意以下几个方面。

(1) 合规性：控股公司架构设计应该符合相关法律法规，避免出现违规行为和税务风险。

(2) 透明度：控股公司架构设计应该具有透明度，所有关联交易应该进行记录、披露和审计，确保符合市场原则和税法规定。

(3) 市场原则：控股公司架构设计应该遵守市场原则，所有关联交易应该按照市场价格进行定价，以避免税务机关的调整和风险。

(4) 母子公司关系：控股公司架构设计应该明确母子公司之间的关系，包括控股比例、决策权、资本流动等，以避免母子公司之间的税务风险和争议。

(5) 税务筹划：控股公司架构设计应该合理运用税务筹划手段，包括跨国税务筹划、税收协定、合理结构安排等，以最大限度地降低公司税负。

总之，控股公司架构设计是一种有效的税务筹划方式，但在实践中需要考虑多方面的因素，以发挥其最大的优势。公司在设计控股公司架构时，应该根据具体情况进行综合考虑，并咨询专业的税务顾问或律师，以避免出现税务争议和风险。

六、合伙人制度落地风险与规避

随着市场竞争的加剧和创新需求的不断增加，合伙人制度越来越受到重视。然而，在实际运作中，合伙人制度可能面临诸多风险。接下来我们探讨一下合伙人制度落地过程中的五大风险，以及相应的规避措施。

(一) 合伙人制度落地风险

1.合伙人能力不均衡

在某些情况下，合伙人之间的能力不均衡可能在公司的管理层中造成局限，从而对公司的整体竞争力产生负面影响。例如，在一个创业公司中，如果某位合伙人拥有丰富的市场营销经验，但技术开发方面的能力较为薄弱，而另一位合伙人则正好相反，具备技术开发方面的专业知识，却对市场营销了解有限，这可能会导致公司在市场营销和技术开发两个关键领域都难以实现重要突破。

这种不均衡的情况可能带来一系列挑战。首先，公司可能在市场推广方面错失机会，因为缺乏市场营销专业人才的参与，导致产品无法得到足够的

曝光和推广。同时，在技术开发领域，由于缺少技术专家的支持，公司可能难以推出具有竞争力的产品或服务，从而限制了其在市场上的表现。

此外，合伙人之间的能力不平衡还可能引发内部协调和沟通的问题。如果合伙人在不同领域有着明显的专业背景，他们可能在决策制定、资源配置等方面产生分歧。这可能导致管理层的决策效率下降，影响公司的整体运作。

为了应对这种情况，公司可以采取一些策略来优化合伙人之间的合作。首先，可以鼓励合伙人之间的知识共享和互补，促进跨领域的合作，从而弥补不同领域的短板。其次，可以考虑引入更多的专业人才，填补管理团队中的技能缺口，确保公司在各个方面都具备足够的竞争力。

总之，合伙人之间能力的不均衡可能会限制公司在关键领域的发展，影响整体竞争力。通过合理的管理和战略规划，公司可以充分利用合伙人的优势，弥补短板，实现全面发展。

2.利益分配不公

合伙人之间的利益分配不公可能导致内部矛盾激化，甚至引发公司危机。例如，一家初创公司的两位创始人分别负责产品研发和市场营销，但产品研发创始人在利润分配中所占比例较低，这可能导致其对公司的发展产生不满，进而影响公司的稳定和发展。

3.决策效率低下

过多的合伙人可能导致决策过程变得烦琐，降低决策效率。例如，在一家拥有多位合伙人的公司中，每位合伙人都希望对关键决策发表意见，这可能导致决策过程变得漫长，使得公司在面临市场变化时无法迅速做出有效应对。

4.经商理念分歧

合伙人之间的经商理念分歧可能影响公司战略的制定和执行，制约公司发展。例如，一家公司的合伙人中，有人主张坚持创新，追求长期发展；而另一些人则主张稳健经营，注重短期收益。这种理念分歧可能导致公司在战略制定和资源分配上出现混乱，长此以往将影响公司的发展。

5.法律风险

如果合伙人制度在法律合规性方面存在隐患，则会给公司带来潜在法律风险。例如，一家公司引入合伙人制度后，未能按照相关法律法规及时完成工商变更登记，导致公司面临罚款、暂停经营等法律风险。

（二）规避合伙人制度落地风险的措施

1.选拔和培养合伙人

选拔合伙人时，要对其资历、经验、管理能力等方面进行全面评估。同时，公司应加强对合伙人的培训和指导，提升他们的管理能力，以降低能力不均的风险。例如，某科技公司在选拔合伙人时，通过面试和背景调查，充分了解候选人的经验和能力，并为新合伙人提供一系列管理培训，确保他们具备处理公司事务的能力。

2.明确利益分配原则

制订合理的利益分配方案，明确各合伙人的权益和义务。确保分配公平、合理，以减少合伙人之间的矛盾和冲突。例如，某创业公司制订了明确的股权分配和分红方案，根据合伙人的贡献和职责合理分配利润，避免了因利益分配不公引发的内部矛盾。

3.优化决策流程

简化决策层级，提高决策效率。公司可以设立专门的决策委员会，将关键决策权交给少数具有实力和经验的合伙人。同时，应加强内部沟通，确保决策的快速传递和执行。例如，某公司设立了由核心合伙人组成的决策委员会，负责制定关键战略，提高了公司在市场变化面前的应对能力。

4.统一商业理念

在合伙人制度运作初期，公司应对合伙人进行商业理念的统一引导，确保所有合伙人对公司的战略目标和发展方向有共识。同时，建立有效的沟通机制，以便合伙人在面临商业理念分歧时能够及时沟通和协调。例如，某服装品牌在创立初期就确立了以持续发展为核心理念，并通过团队建设活动、定期会议等方式加强内部沟通，确保合伙人理念统一。

5.遵守法律法规

公司应确保合伙人制度的合法性，遵守相关法律法规。可以聘请专业律师团队进行法律咨询和指导，及时了解法律政策变动，确保合伙人制度的合规性，并应对可能出现的法律风险。例如，某房地产公司引入合伙人制度后，聘请了专业律师团队负责公司合规事务，确保公司在合伙人制度方面遵守相关法律法规，降低潜在法律风险。

综上所述，我们可以看到，为了解决合伙人制度落地过程中的风险，公司需要针对不同的风险点采取相应的措施。这些措施包括选拔和培养合伙人，明确利益分配原则，优化决策流程，统一商业理念和遵守法律法规。这些措施的实施可以帮助公司更好地应对合伙人制度落地过程中的各种挑战，确保公司稳健发展。

（三）结论

1.合伙人制度具有优点和局限性

合伙人制度能够带来更高的创新力和竞争力，但同时也存在一定的风险。公司在引入合伙人制度时，需要充分了解其优缺点，以便作出明智的决策。

2.解决合伙人制度落地风险的重要性

通过合理的规划和严密的执行，公司可以有效规避合伙人制度落地过程中的风险，确保合伙人制度为公司带来长远的利益。

3.实施措施和应对策略的必要性

公司应认真执行上述规避风险的措施，同时建立健全风险应对策略，以确保合伙人制度在公司内部得到顺利落地。

综上所述，在实施合伙人制度时，公司应采取具体的措施和应对策略，制订详细的实施方案，明确每项措施的执行步骤、时间表和责任人。同时，加强内部监管，确保各项措施得到有效执行。公司还应建立风险预警机制，及时发现潜在的合伙人制度落地风险。一旦发现风险，应立即启动应对措施，采取灵活的策略进行调整，以降低风险对公司的影响。

总之，合伙人制度作为一种公司管理的创新手段，具有很大的潜力，但同时也存在一定的风险。公司在引入合伙人制度时，需要充分了解这种制度的优缺点，为自身发展制定合适的战略。通过有效的规划和严密的执行，公司可以规避合伙人制度落地过程中的风险，为公司带来更高的创新力和竞争力。

七、公司中个人财产风险与规避

(一) 公司中的个人财产风险

随着我国社会经济的不断发展，越来越多的人选择自主创业或参与公司经营。然而，在追求经济利益的过程中，很多人忽视了公司经营过程中潜在的财产风险，这些风险可能会对个人财产产生严重影响。因此，深入研究公司经营过程中的财产风险及个人财产避险策略具有重要意义。

在经营公司的过程中，个人面临的财产风险主要有以下几种。

1.无限责任风险

个人对公司债务承担无限责任，若公司出现债务无法偿还时，个人财产可能受影响。

2.被执行风险

个人对公司债务担保，一旦公司无法偿债，个人或被债权人执行，个人财产可能被清算以偿还债务。

3.资本金被充公

如果个人未按要求足额认缴或缴足资本金，在公司出现严重亏损或倒闭时，个人可能需承担额外责任，需要补足资本金。

4.被诉讼风险

个人可能因公司债务、合同纠纷、侵权或其他争议被他人诉讼，从而花费时间和金钱，或最终判决承担损害赔偿责任。

5.被并购风险

如果公司被收购，收购方可能对个人持有的股权提出强制收购，迫使个人结束股权持有。如果个人不同意，可能引起诉讼或影响公司交易。

6.业务担保风险

如果个人或家人担保公司的业务担保责任，一旦公司违约，个人或家人可能被执行，承担损失。

7.股东贷款风险

个人提供股东贷款给公司，一旦公司出现财务困难无法偿还，个人可能损失贷款本金或利息。

8.管理不善风险

个人参与公司管理，如果管理不善导致公司经营不善，个人可能因违反管理责任承担损害赔偿责任。

9.保证金风险

个人以私人资产提供保证金，公司一旦拖欠货款或不履行合同，保证金可能被没收，个人承担损失。

10.所有资产抵押风险

如果公司的资产以个人名义登记并以此融资或担保，这些资产可能面临被执行的风险。

（二）规避公司中个人财产风险的措施

在公司经营的过程中，个人财产面临的风险是不可忽视的。为了规避这些风险，个人应该采取一些措施来进行财产保护。

第一，全面了解公司经营的风险。在参与公司经营前，应对公司的行业、市场环境、财务状况等进行全面了解，并评估可能面临的风险。

第二，确定投资额度。个人应根据自身财务状况确定投资额度，不要将全部财产投入公司，以避免个人财产遭受风险时无法承担。

第三，选择适合的公司类型。不同公司类型具有不同的责任和风险承担方式。个人应根据自身的风险承受能力选择适合的公司类型。

第四，分散投资。不要将全部财产投入一个公司，而应将投资分散到多个公司中，以降低投资风险。

第五，谨慎选择担保方式。在公司经营中，个人提供担保时要选择可控制风险的担保方式，并根据公司的财务状况进行评估。

对于公司而言，也必须认真审视自己的财务风险，并采取有效措施来降低风险。以下是一些实用的公司财务风险管理建议。

第一，适度负债，合理安排资本结构，确保财务结构平衡。

第二，建立公司全面预算制度，正确预测现金流量情况。

第三，加强资产管理，提高营运能力，增强盈利水平。

第四，运用多种财务策略，尽可能减少风险损失。

总之，在公司经营过程中，个人和公司都有必要采取恰当的措施来降低个人财产风险和企业财产风险。个人也需要注意个人因素可能对公司财产造成的影响，制定相应的应对措施。

八、股东知情权带来的经营风险与规避

股东知情权是指股东有权获得公司的经营情况、财务状况和业务展望等信息。保障股东知情权对于公司的发展至关重要。例如，在初创期的某科技公司中，公司定期将信息披露给股东，让股东了解公司的最新动态。这使得股东能够积极参与公司治理，提出有益的建议和意见，从而促进了公司的发展，增强了公司的竞争力。然而，当股东知情权受到侵犯时，可能会导致公司信息不透明、股东利益受损，进而影响公司的稳定发展。例如，在某上市公司中，部分股东利用内部渠道获取了公司的真实信息，然后通过操控股价谋取私利，导致普通股东在没有获取真实信息的情况下，盲目跟风，最终承受巨大的投资损失。因此，保障股东知情权对于公司的长远发展至关重要。

（一）股东知情权带来的经营风险

股东知情权也会带来一定的经营风险。

(1) 经营风险：股东获得公司的重要信息后，可能会因为信息的真实性、准确性等问题而产生疑虑，导致对公司的信任度下降，进而影响公司的经营风险。

(2) 泄露风险：公司将信息都告知股东后，可能会有重要信息被泄露的风险，进而影响公司的经营和声誉。

(3) 投机风险：一些股东可能会利用重要信息进行投机，从而影响公司的稳定经营。

(4) 规避风险：一些公司可能会通过不公开信息、模糊信息等方式规避股东知情权，影响股东的合法权益。

(二) 规避股东知情权带来的经营风险的措施

为了规避股东知情权带来的经营风险，公司可以采取以下措施。

(1) 加强信息披露：公司应该加强信息披露，将公司的重要信息及时公开，保证股东知情权的实现。

(2) 建立信息保密制度：公司应该建立信息保密制度，保护公司的重要信息不被泄露。

(3) 加强内部控制：公司应该加强内部控制，防止信息的不实或不准确导致的经营风险。

(4) 合法合规经营：公司应该合法合规经营，避免股东知情权引发的投机风险。

(5) 加强监管：监管部门应该加强对公司信息披露的监管，保护股东的合法权益。

总之，股东知情权是股东参与公司治理的基础，有助于保护股东的合法权益，但也会带来一定的经营风险。公司应该通过相应措施，规避股东知情权带来的风险。

第六章　百果园：门店合伙人模式下的水果连锁行业创新与成功之路

一、案例背景

深圳百果园实业发展有限公司（以下简称百果园）是我国的一家果品品牌，注册成立于2001年，专注于种植、加工和销售各种优质水果。从2002年开出我国第一家水果特许连锁专卖店开始，百果园经过多年的发展，截至2022年11月，已在全国140多个城市拥有超过5600家门店，拥有会员超过7200万人，是目前全球最大的水果连锁品牌。

百果园的成功并非偶然，而是得益于其独特的门店合伙人模式。这种模式通过股权激励、自主经营、人才培养与晋升等多方面策略，成功地打造了独特的竞争优势。在这一模式下，合伙人享有一定比例的门店股份，以及与之相关的利润分配。这种股权激励制度激发了合伙人的积极性，促使他们在经营过程中更加努力、负责任，最终推动了公司的快速发展。在人才培养方面，百果园为合伙人提供了完善的培训体系和晋升机制，使得优秀的合伙人能够在公司内部获得更多的发展机会。这种人才培养策略不仅有助于提高员工的忠诚度和减少人才流失率，也有助于为公司的长远发展积累人才。

二、股权激励机制

（一）百果园门店合伙人机制及其优势

在百果园的门店合伙人模式中，股权分配是关键因素，用以激发员工参与经营的积极性。在该模式下，共有三个主体参与门店投资：拓展负责人、片区管理者和店长。在此架构中，店长拥有门店80%的股份，并与公司指定的大区负责人及片区管理者共享门店70%的利润。具体而言，门店投资涉及以下三方：拓展负责人、片区管理者和店长。他们在门店股权结构与分工安排如表6-1所示。

表6-1　门店股权结构与分工安排

单个门店参与方	单店资金投入比例	承担工作
拓展负责人	3%	门店选址，门店法人
片区管理者	17%	片区门店管理
店长	80%	门店经营

（二）利润分配设计

每年利润分配，百果园收取30%，其余70%按门店股权结构分配。这是典型的“进三出七”模式。

这种股权激励方法的优点在于，员工作为股东参与到门店运营中，更加积极地为公司发展作贡献。另外，股权激励有助于减少员工流动性，提高员工对公司的忠诚度。

（三）股权分配与人才培育的融合

人才是公司发展的关键。在传统的连锁加盟模式中，百果园关注的是加盟费收入。然而，这种模式可能导致加盟商更换原料，从而影响产品质量和品牌声誉。百果园通过控制核心人才，确保其连锁门店的管理层都是公司内部培养的人才，从而降低这种风险。

百果园如何选拔和培养人才呢？

首先，百果园将股权分配与人才培育相融合，激励员工不断提高自己的业务技能和管理能力。每年，每家门店培养并推荐一名潜在的新店长，培训周期为8—12个月。通过培训和评估，员工有机会成为具备领导能力的店长。这种方法不仅满足了公司扩张所需的人才需求，还为员工提供了良好的职业发展途径。

其次，百果园以人为本，设定清晰的员工晋升路径：招聘—内部培训—选拔—区域管理者—大区加盟商。只要具备实力，员工在加入体系后就有机会与公司共享成功。

三、经营模式

（一）自主经营

在百果园的门店合伙人模式中，门店店长享有较高的自主经营权。他们可以根据所在地区的市场需求和消费者特点制定合适的经营策略，以提高门店的营业收入和利润。这种自主经营的模式使得门店能够更加灵活地应对市场变化，提高经营效率。

（二）高效供应链

百果园重视供应链管理，通过与优质供应商建立稳定的合作关系，保证水果的品质和价格。同时，百果园还建立了严格的质量把控体系，确保消费者购买到的水果符合高品质的要求，高效的供应链管理使得门店能够为消费者提供优质的产品，提高消费者的满意度。

（三）创新营销策略

百果园注重线上线下相融合，推出多种创新营销策略吸引消费者。例如，通过社交媒体、广告等渠道传播品牌价值，增强品牌认知度。此外，还会定期举办促销活动，推出会员福利等措施，提高消费者黏性。

四、人才培养与晋升

（一）人才选拔

百果园注重人才的选拔和培养。在选拔门店合伙人时，公司会优先考虑内部员工，选拔具备一定经验和能力的优秀员工担任门店合伙人。通过内部选拔，公司能够充分挖掘员工潜力，提高人才利用效率。

（二）培训与晋升

百果园为员工提供丰富的培训资源和晋升机会。员工可以通过公司提供的培训课程提升自己的业务能力和管理水平，为晋升做好准备。优秀员工还有机会成为区域管理者或者总部高管，获得更高层次的职业发展。

五、公司扶持与风险共担

（一）财务支持

为了降低门店合伙人的经营风险，百果园会为合伙人提供一定的财务支持。例如，公司会承担部分装修费用、提供低息贷款等，帮助合伙人减轻负担。

（二）品牌支持

百果园会为门店合伙人提供品牌支持，例如，统一的品牌形象、产品包装、宣传物料等，帮助门店树立专业、统一的品牌形象。

六、退出机制设计

还有一个关键性问题，如果亏损了谁来承担？

百果园向加盟商作出以下承诺，以确保加盟商的利益。

(1) 对于加盟店的亏损，百果园将负责承担全部损失。如在3年后依然亏损，将考虑对门店进行评估，决定是否终止营业。

(2) 百果园不向加盟商收取特许加盟费用，而是通过从门店每年的利润中提取30％作为收益。

(3) 百果园并不依赖商品差价盈利，而是通过与门店分享的利润占百果园总利润的约80％。

(4) 设立6400元的分红基数，每年根据门店运营状况对基础利润进行评定。

为了确保员工与合作伙伴在需要退出时的权益，百果园精心设计了一套完善的退出机制。在合同期满或者因特殊原因需要退出时，百果园会按照约定回购股权，并根据门店的盈利状况支付相应的回购价格。这种退出机制既保障了合作伙伴的投资安全，也维护了公司的长期利益。优秀的退出机制能够激励更多优秀员工投身市场一线，从而提高门店拓展的成功率。

这种退出机制实际上起到了门店拓展的“加速器”作用，激发更多优秀员工投入市场一线，进而提升门店拓展的成功率。以下是退出机制的几个应用场景。

(1) 由于实行合伙人模式，将加盟商员工化以及员工加盟商化，需要配套门店股权退出机制，以便让这种模式更加灵活高效。

(2) 店长和员工需要职业发展通道。对于具备较强能力和丰富零售经验的店长，需要充分发挥其价值，让他们开拓新市场，承担更多挑战。然而，这些有能力的店长在原有门店已经获得了较好收益，通常不太愿意将原有门店的股份让给新店长。

因此，在制度设计上，应鼓励有能力的店长勇敢迎接挑战。在退出机制中，当店长股权退出时，将原投入资金按原数返还，并一次性获得门店分红收益的3倍补偿。这样的设计既保证了员工和合作伙伴的权益，也激励他们勇敢面对新的挑战。例如，如果店长从一家门店获得的年分红收益为10万元，为了让他放弃这家门店的股份，去开拓新市场，百果园一次性补偿给他30万元，相当于这家门店未来3年的收益，同时早期投入资金原数返还。具体退出形式如表6－2所示。

表6－2 具体退出形式

退出形式	说明
主动退出	合伙人主动提出退出，并经合伙人委员会同意
被动退出	合伙人因违反《合伙人协议》的约定被强制退出
当然退出	合约期满、合伙人死亡或丧失履行合伙人职责的能力
协议退出	合伙人与合伙人委员会或平台公司协商退出

这种制度设计有助于鼓励优秀的店长和员工挑战更高层次的发展，使他们在职业生涯中不断进步。

百果园通过合伙人模式和完善的退出机制，为员工和合作伙伴提供了更广阔的发展空间，从而实现公司的可持续发展。

七、对其他连锁行业的借鉴与启示

（一）股权激励与人才培养相结合

百果园的门店合伙人模式为其他连锁行业提供了一个成功的案例。通过股权激励和人才培养相结合的方式，公司可以有效地激发员工的积极性，提高员工忠诚度，降低人才流失率。

（二）自主经营与集团支持并重

百果园的门店合伙人享有较高的自主经营权，可以根据当地市场需求制定相应的经营策略的同时，集团也为门店提供了品牌、财务等方面的支持。这种自主经营与集团支持并重的模式，有助于提高门店的经营效率和市场竞争力。

（三）强化供应链管理

高效的供应链管理是百果园成功的关键因素之一。其他连锁行业也可以从中汲取经验，与优质供应商建立稳定的合作关系，保证产品的品质和价格，提高消费者满意度。

（四）创新营销策略

百果园注重线上线下融合，采用多种创新营销策略吸引消费者。其他连锁行业也可以借鉴这种做法，通过社交媒体、广告等渠道提高品牌认知度，举办促销活动，提高消费者黏性。

综上所述，百果园的门店合伙人模式通过股权激励、自主经营、人才培养与晋升、公司扶持与风险共担、退出机制设计等方面为其他连锁行业提供了有益的借鉴和启示。其他连锁行业可以从中汲取经验，发挥自身优势，打造独特的竞争优势。

八、总结

百果园的成功并非偶然，而是源于其独特的门店合伙人模式。这种模式将合伙人与公司紧密结合，使得双方利益高度一致，从而推动了公司的快速发展。作为一个水果行业的领军公司，百果园的经验对其他连锁行业具有一定的参考价值，以下是对此案例的总结。

(1) 百果园的门店合伙人模式是其核心竞争力之一。通过股权激励，公司吸引了大量优秀的门店合伙人，使得门店经营得到了极大的保障。

（2）百果园门店合伙人享有较高的自主经营权，同时得到了集团的品牌、财务等方面的支持。这使得门店在满足消费者需求的同时，也能有效地降低经营成本。

（3）百果园强化了供应链管理，确保了产品的品质和价格竞争力。此外，公司还注重线上线下融合，采用多种创新营销策略吸引消费者。

（4）百果园的股权架构设计合理，使得门店合伙人在承担风险的同时，也能分享公司的利润。此外，公司还为合伙人提供了人才培养与晋升机制，使得优秀的合伙人能够在公司内部获得更多的发展机会。

（5）百果园的门店合伙人模式对其他连锁行业具有一定的借鉴和启示作用。通过学习百果园的成功经验，其他连锁行业可以发挥自身优势，打造独特的竞争优势。

通过以上分析，我们可以看出，百果园的门店合伙人模式为连锁行业提供了一个成功的典范。不仅在水果行业取得了显著的成绩，也为其他连锁行业提供了有益的借鉴和启示。公司要想在激烈的市场竞争中脱颖而出，就需要不断地创新和学习，发掘出符合自身发展的核心竞争力，从而实现可持续发展。

第七章　华莱士成功密码：揭秘合伙人模式与股权顶层设计的魅力

一、案例背景

华莱士作为我国知名的快餐品牌，在国内外享有盛誉。凭借其独特的经营模式和产品，华莱士在快餐市场占有一席之地。其成功的背后离不开独特的合伙人模式与股权顶层设计，这些举措为华莱士的持续发展奠定了坚实的基础。

二、华莱士合伙人模式的核心要素

华莱士的合伙人模式包括三个核心要素：门店众筹、员工合伙和直营管理。

（一）门店众筹

华莱士通过众筹的方式，吸引投资者参与门店的经营。这种方式降低了投资者的投资“门槛”，同时也增加了投资者对公司的信任度。众筹的成功不仅为华莱士带来了资金支持，还扩大了其市场份额。

（二）员工合伙

华莱士鼓励员工成为合伙人，参与公司经营。这种做法不仅激发了员工的积极性，还使员工具备了公司家精神。员工作为合伙人，更愿意为公司付

出，共享公司的成果。

（三）直营管理

华莱士坚持直营管理模式，以保持品质与效率。这种模式有利于对门店的整体管理，确保每个环节都符合公司的要求。同时，直营模式有助于华莱士对市场趋势的把握，以便进行及时调整。

具体规则如表7－1所示。

表7－1　内部众筹合伙门店投资方案

投资方比例	角色
<40%	投资者
5%	店长与门店员工
55%	总部

华莱士采用了一种独特的投资模式：总部持股在50%到60%之间，店长与门店员工共享5%，而外部投资者的持股比例则不超过40%。这种模式成功地将资源提供者、外部投资者和公司员工紧密结合成一个大型的利益共同体，从而颠覆了传统的雇佣与投融资模式。

对于外部的资源方，需要先由总部进行培训，合格后才可以持证加盟，所有门店的经营管理全部由总部负责，如门店装修、品牌运作、物流配送、员工培训等，加盟商只管投钱，坐等年底分红。

三、股权顶层设计的创新

华莱士的股权顶层设计同样具有创新性。它主要包括股权激励机制、利益最大化与风险分散以及分红制度。

（一）股权激励机制

华莱士通过股权激励机制，激发员工的主人翁意识。员工持有公司股权，意味着他们的努力与公司的发展紧密相连。这种机制有助于提高员工的工作积极性，同时也为员工提供了长期稳定的收入来源。

华莱士的激励机制是一种独特的股权激励策略。该模式将股权分为三层，分别是华莱士总部、单店经营管理层（员工入股）和外部投资人、门店房东以及其他能够带来资源的人。通过这种方式，华莱士实现了总部与单店管理层、外部投资人三者之间的共赢关系，从而推动公司的快速发展。

（二）利益最大化与风险分散

华莱士在股权顶层设计中注重利益最大化与风险分散。合伙人的利益与公司的发展紧密相连，同时，合伙人之间可以相互支持，共同应对风险。这种设计既有利于公司的长期稳定发展，也为合伙人提供了相对较低的风险投资环境。

（三）分红制度

华莱士实行分红制度，按照一定比例将公司利润分配给股东。这种制度让股东分享到公司的发展成果，同时也让他们更加关注公司的运营状况。分红制度在一定程度上保障了股东的利益，有利于维护公司的长期稳定发展。

四、华莱士模式的优点

（一）实现共赢关系

这种股权激励机制鼓励各股东之间的合作，实现总部、单店管理层和外部投资人之间的共赢。这种合作关系有助于激发各方的积极性，共同推动公司发展。

（二）优化人力资源

通过员工入股，激励单店经营管理层更加积极地参与公司运营，提高员工的归属感和忠诚度。这样可以最大化人的效率，提高公司整体运营效果。

（三）资金效率和成本效率的最大化

福州模式鼓励外部投资人、门店房东以及其他能够带来资源的人参与公司运营，为公司带来更多的资金和资源支持。这有助于降低公司运营成本，提高资金效率。

（四）快速发展裂变

通过这种股权激励机制，华莱士实现了店面的快速发展裂变。在各股东的共同努力下，公司迅速扩张，拥有了持续盈利能力。

总的来说，华莱士设置了一种独特的股权激励机制，通过将股权分为三层，实现了总部、单店管理层和外部投资人之间的共赢关系。这种激励策略有助于实现人的效率、资金效率和成本效率的最大化，同时也推动了店面的快速发展裂变。这为华莱士的成功奠定了坚实的基础，并为其他公司提供了可借鉴的经验。

五、华莱士合伙人模式与股权顶层设计的优势

华莱士合伙人模式与股权顶层设计具有以下几点优势。

（1）提高员工积极性。合伙人模式与股权激励机制使员工成为公司的合伙人，激发了员工的主人翁意识，提高了他们的工作积极性。

（2）保障公司长期稳定发展。华莱士的股权顶层设计注重利益最大化与风险分散，有利于公司在面临市场风险时能够保持稳定发展。

（3）吸引优秀人才。华莱士的合伙人模式与股权顶层设计为员工提供了丰

厚的激励，有利于吸引优秀人才加入，提升公司的竞争力。

（4）强化品牌形象。直营管理模式有利于华莱士保持品质与效率，提升品牌形象，为公司赢得更多市场份额。

六、结论

第一，华莱士成功的背后离不开其独特的合伙人模式与股权顶层设计。通过门店众筹、员工合伙和直营管理三大核心要素，华莱士在市场竞争中脱颖而出。同时，股权顶层设计的创新之举为公司的长期稳定发展提供了有力保障。

第二，要想在激烈的市场竞争中取得优势，公司必须关注员工的激励与培养，以及合理的股权顶层设计。通过吸引优秀人才、提高员工积极性、保障公司长期稳定发展等方面的努力，华莱士在竞争中取得了成功。

第三，在当今这个竞争激烈的市场环境中，公司要想取得成功，就必须始终关注员工和合作伙伴的利益。华莱士通过合理的股权激励和合作伙伴关系管理，与员工和合作伙伴携手共进，实现共同发展。

总之，华莱士的成功密码是将合伙人模式与股权顶层设计相结合，从而在竞争激烈的市场环境中脱颖而出。这种成功为其他公司提供了值得借鉴的经验。公司要想在市场中立足，就必须不断创新，积极探索适合自己的发展模式，打造独特的竞争优势。只有这样，公司才能在市场竞争中取得成功，实现可持续发展。

第八章　美道家之道：借力外部合伙人股权策略实现快速扩张

一、案例背景

美道家作为一个知名的生活服务品牌，从其成立伊始便秉持着为消费者提供优质服务的理念。随着市场需求的不断扩大和业务领域的拓展，美道家面临着快速扩张的需求和挑战。为应对这些挑战，美道家选择通过与外部合伙人合作的方式，借助他们的资源和经验，推动公司的快速发展。

二、外部合伙人的重要性

（一）合伙人为公司带来的资源和优势

外部合伙人一般具有丰富的行业经验、人脉资源和市场洞察力，这些都是公司扩张过程中难以或无法通过内部实力获取的。借助外部合伙人的资源和优势，公司可以在市场竞争中占据有利地位，实现快速扩张。同时，合伙人还可以为公司带来新的业务机会和发展方向，推动公司不断创新。

（二）合伙人对公司发展的长期影响

与外部合伙人的合作不仅能够在短期内带来业务拓展，还可以在长期内为公司发展创造良好的基础。合伙人的经验和资源可以帮助公司在扩张过程中规避风险、提高效率，为公司的持续发展奠定坚实基础。此外，合伙人还可以为公司输送优秀人才，为公司发展提供源源不断的动力。

三、美道家的股权策略

（一）股权激励：吸引优秀合伙人的关键

股权激励是美道家吸引优秀合伙人的重要手段。通过将一定比例的股权分配给合伙人，可以让他们在参与公司发展的过程中获得实实在在的利益，激发他们的积极性和创造力。这种激励方式既能够让合伙人更加关注公司的长期发展，也能够为公司节省大量的资金成本。

（二）股权分配原则：实现公平与激励的平衡

美家道在股权分配上遵循公平与激励的原则，以确保各方的利益得到合理保障。首先，公司会根据合伙人的投入和贡献确定其股权比例，避免出现权益分配不均的问题。其次，公司会设定一定的股权激励机制，以鼓励合伙人在公司发展过程中持续创新和进取。

（三）股权回购与退出机制：确保合伙人的利益

美道家还为合伙人提供了清晰的股权回购和退出机制，以便合伙人在必要时可以灵活地调整自己的股权结构。这种机制有助于降低合伙人的投资风险，提高他们参与公司发展的积极性。

四、美道家与外部合伙人成功合作

（一）合作背景与选择合伙人的标准

随着美道家业务的不断扩张，需要寻求新的合作伙伴来支持其发展。在选择合伙人时，美道家主要关注以下几个方面：行业经验、资源整合能力、市场洞察力和创新精神。通过这些标准，美道家成功地与多位优秀合伙人建立了合作关系。

（二）合作过程中的互动与协同

在合作过程中，美道家与合伙人保持紧密的沟通和协作，确保双方资源得到充分利用。双方共同制定发展策略、分析市场趋势，并协同推动公司的业务拓展。此外，双方还定期举行战略会议，共同评估合作进展并调整合作方向。

（三）合作成果及对公司扩张的积极影响

通过与外部合伙人的合作，美道家在短短几年内实现了快速扩张。合伙人为公司引入了新的业务机会、资源和人才，使美道家的业务范围得到大幅拓展。此外，合伙人还帮助公司提高了市场竞争力和品牌影响力，为其未来发展奠定了坚实基础。

五、外部合伙人模式在其他公司的应用

（一）国内外均有成功案例

除美道家外，国内外许多公司成功地运用了外部合伙人模式来实现快速扩张。例如，阿里巴巴、腾讯等公司都曾在关键时期与外部合伙人合作，共同推动公司发展。这些成功案例证明了外部合伙人模式在不同行业和市场环境中的广泛适用性。

（二）外部合伙人模式的适用领域与条件

外部合伙人模式适用于许多领域，尤其是那些需要快速扩张、资源整合和创新能力的行业。公司在选择运用这一模式时，应充分考虑自身的业务需求、市场环境和合作伙伴的条件。此外，公司还应关注合作过程中的沟通协

同和利益分配问题，以确保双方的利益得到充分保障。

（三）注意事项

尽管外部合伙人模式具有很高的潜力，但公司在运用这一模式时也需要关注一些潜在的问题。例如，公司需要确保合作过程中的信息安全，防止商业机密泄露。此外，公司还应关注合伙人的诚信和专业素质，避免因合作伙伴的问题导致公司发展受阻。

六、总结

美家道借力外部合伙人股权策略成功地实现了快速扩张，为其他公司提供了有益的借鉴和启示。通过与合适的外部合伙人建立合作关系，公司可以充分利用他们的资源和经验，推动公司在竞争激烈的市场中迅速发展。然而，公司在运用这一模式时也应关注潜在的风险和挑战，以确保合作的可持续性和稳定性。

第九章　海尔股权管理实践与启示：创新引领未来，股权助推发展

一、海尔创新模式简介

海尔集团自1984年成立以来，经历了近40年的发展历程。凭借其强大的创新能力和先进的管理模式，海尔已成为全球家电行业的领导者。

海尔集团采用创客合伙人模式，致力于通过创新驱动公司发展。创客合伙人模式的核心原理是激发员工的创新潜力，将员工变为公司的创业合伙人，从而共同推动公司发展。在实施过程中，海尔以市场为导向，通过员工股权激励、市场化的项目管理和组织架构调整等手段，不断激发员工创新活力，提升公司竞争力。

（一）员工股权激励

为了激励员工的创新创业热情，海尔集团推出了员工持股计划。截至2021年，海尔集团已有超过4万名员工参与了持股计划，占公司总股份的5%。员工持股计划使得员工与公司利益紧密结合，激发了员工的积极性和创新精神。

（二）市场化项目管理

海尔采用市场化的项目管理机制，将公司内部创新项目与市场需求相结合。例如，海尔推出了“微波炉烹饪革命”项目，旨在提高微波炉的使用率和客户满意度。项目自2019年启动以来，微波炉销量同比增长了20%，市场份额提升到15%，客户满意度得到了显著提升。

（三）组织架构调整

为了更好地适应市场变化，海尔集团进行了组织架构调整。自2012年起，海尔集团开始将原有的产品事业部改为以用户需求为导向的“用户体验中心”，并建立了以创客为主体的“创客平台”。这种调整使得公司更加关注市场需求，提升了公司的市场敏感度和竞争力。

通过这些具体的措施和数字，我们可以看到海尔集团在实践创客合伙人模式过程中，不断激发员工的创新活力，提升公司竞争力。

二、海尔股权顶层设计

海尔集团高度重视股权管理，实施了一系列股权改革措施。首先，海尔改进了股权结构，实现了股权的多元化和分散化。其次，海尔建立了完善的股权管理制度，包括股权分配、激励和回报机制，确保股权管理的合理性和有效性。通过这些顶层设计，海尔股权管理更加科学、透明和公正，为公司发展提供了强大的动力。

（一）股权结构改革

海尔改进了股权结构，实现了股权的多元化和分散化。例如，海尔引入了国内外战略投资者，如美国高盛、德国西门子等，共同参与公司的股权运作。截至2021年底，海尔集团的外部投资者占公司总股份的20%，这有助于公司更好地利用外部资源，促进公司的国际化发展。

（二）完善股权管理制度

海尔建立了一套完善的股权管理制度，包括股权分配、激励和回报机制。例如，海尔设立了股权投资基金，将员工的绩效与股权收益挂钩。具体来说，员工可以根据绩效表现获得一定比例的股权，以激励他们更好地投入工作。

此外，海尔还建立了股权回报机制，员工可以通过公司盈利、资本增值等途径获得回报。据统计，自2016年以来，海尔员工股权投资基金累计投资回报率达到了30%，员工的股权收益显著提高。

（三）股权管理的透明化和公正性

为了确保股权管理的公平、公正，海尔制定了详细的股权管理规定，包括股权的申请、审批、分配和交易等环节。所有这些信息都通过内部信息平台进行公示，员工可以随时查询。同时，海尔还设立了专门的股权管理部门，负责监督和指导股权管理工作，确保股权制度的合理性和有效性。

通过这些具体的措施和数字，我们可以看到海尔在股权顶层设计方面的优秀实践。这些经验为其他公司在股权管理上提供了有益的借鉴和启示，有助于推动公司发展和提升公司竞争力。

三、海尔股权管理实践

海尔集团在股权管理方面具有丰富的实践经验。在实际操作过程中，海尔采用了多种股权管理工具，如员工持股计划、期权激励计划等，以激发员工的创新热情。同时，海尔还建立了专门的股权管理机构，负责股权的分配、监督和调整，以确保股权管理的有效运作。通过这些实践，海尔成功地将股权激励与员工创新相结合，实现了公司与员工的共赢发展。

根据海尔的股权管理实践成效，可以总结出以下经验教训：一是要明确股权管理的目标和原则，确保股权改革符合公司的发展战略；二是要建立完善的股权管理制度，确保股权管理的合理性和有效性；三是要注重股权管理的实际操作，以员工持股计划、期权激励计划等工具激发员工的创新热情；四是要建立专门的股权管理机构，确保股权管理的有效运作。

四、海尔股权管理的启示

海尔集团股权管理实践为其他公司提供了有益的启示。

（1）创新驱动。公司应以创新为核心，通过创新模式和机制来推动公司发展。创新不仅是公司的生命线，也是员工激励和股权管理的关键。

（2）市场导向。公司要以市场为导向，关注市场需求和变化，调整股权管理策略。市场导向有助于公司把握市场机遇，提高竞争力。

（3）制度保障。公司应建立完善的股权管理制度，确保股权激励的公平、公正和有效。制度保障有助于规范公司股权管理，提高股权激励的效果。

（4）实践探索。公司要勇于实践股权管理，不断尝试、总结和优化股权管理方法。实践探索有助于公司形成自身特色的股权管理模式，提升公司的整体实力。

五、总结

本案例以海尔集团股权管理实践为例，探讨了股权管理在公司发展中的重要作用。通过分析海尔的创新模式、股权顶层设计和股权管理实践，本案例总结了海尔集团股权管理的成功经验，并为其他公司提供了有益的启示。在当今经济全球化、市场竞争激烈的背景下，股权管理已成为推动公司发展的重要手段，值得各公司重视和借鉴。